D1659065

Johann Nestroy

Reserve und andere Notizen

QUODLIBET

Publikationen der Internationalen Nestroy-Gesellschaft

Herausgegeben von
Jürgen Hein, Walter Obermaier und W. Edgar Yates

Band 2

Johann Nestroy

Reserve
und andere Notizen

Herausgegeben von
W. Edgar Yates

2., verbesserte Auflage

Eine Veröffentlichung
der Internationalen Nestroy-Gesellschaft
und des Deutschen Theatermuseums, München

2., verbesserte Auflage 2003

im Auftrag der Internationalen Nestroy-Gesellschaft
und des Deutschen Theatermuseums, München
Verlagsbüro Mag. Johann Lehner Ges. m. b. H.
1010 Wien, Schwarzenbergstraße 5, Tel. 01/514 05/244

Printed in Austria
ISBN 3-901749-19-5

INHALT

NESTROYS NOTIZEN: EINFÄLLE UND KOLLEKTANEEN

Zwischen 1831 – dem Jahr, in dem Nestroy von Karl Carl an das Theater an der Wien engagiert wurde – und seiner Übernahme der Pacht und Direktion des Carltheaters nach Carls Tod im Jahre 1854 wurden zumindest 55 abendfüllende Nestroy-Stücke in Wien uraufgeführt. Das schließt die vielgespielten Einakter wie *Tritschtratsch*, *Die schlimmen Buben in der Schule* oder *Judith und Holofernes* und Vorspiele zu verschiedenen ‚dramatischen Quodlibets' noch nicht einmal ein. Zugleich stand Nestroy als Schauspieler praktisch allabendlich auf der Bühne und spielte sowohl in seinen eigenen Possen als auch in denen der anderen Vorstadtdramatiker der Zeit fast ausschließlich Hauptrollen. Wie, wo und wann er an seinen Stücken arbeitete, wissen wir im einzelnen nicht. Daß er so viele Kassenerfolge schrieb und zugleich als Starkomiker auf der Bühne den Eindruck souveräner Ironie erweckte, verleitete die Zeitgenossen zur Annahme, er sei eine Art Naturgenie, als ließe sich das Wort des Spießbürgers Sebastian Stößl aus *Theaterg'schichten* (1854), „'s Komödispiel'n is aber keine Kunst, es is eine reine *Comödi*spielerey", *mutatis mutandis* auch auf das Schreiben von Komödien anwenden.

Franz Wallner, der in den dreißiger Jahren als Mitglied von Karl Carls Ensemble am Theater an der Wien ein Kollege Nestroys war und später das Wallner-Theater in Berlin gründete, berichtet in seinen Erinnerungen, daß Nestroy „mit reißender Schnelligkeit" arbeitete, „meist Vormittags im Bette liegend, mit Bleistift auf die halbe Seite großer, in Bittschriftenformat zusammengelegter Bogen schreibend".[1] Dieses Zeugnis sollte man zwar wohl nicht beim Wort nehmen, es liegt jedoch auf der Hand, daß Nestroy intensiv und bei jeder sich bietenden Gelegenheit arbeitete. Schon das erste seiner Stücke, das am Theater an der Wien uraufgeführt wurde, die Parodie *Der gefühlvolle Kerckermeister oder Adelheid die verfolgte Wittib* (1832), wurde in Zusammenarbeit mit dem Komponisten Adolf Müller in einem eindrucksvollen Tempo angefertigt: Kaum fünf Wochen nach der Premiere der Vorlage, L. Henrys Ballett *Adelheid*

Alle Zitate aus Nestroys Stücken beruhen auf den *Stücke*-Bänden der *Historisch-kritischen Ausgabe*, hg. von Jürgen Hein, Johann Hüttner, Walter Obermaier und W. Edgar Yates, Wien 1977– .

1 ‚Bilderschau in meinem Zimmer. Erinnerungsblätter von Franz Wallner. III', *Die Gartenlaube* (Leipzig), 1866, Nr. 11, S. 173 f. (hier: S. 173).

von Frankreich, am Hoftheater nächst dem Kärntnertore fand die Uraufführung der Parodie am Theater an der Wien statt.

Die zeitgenössischen Kritiker, die Nestroy die natürliche Begabung von ‚genialem' Einfallsreichtum zuschrieben, nahmen zugleich an, daß seine schnelle Produktionsweise von einer sorglosen „Schreibelustigkeit" zeuge.[2] Als beispielsweise 1845 die Posse *Das Gewürzkrämer-Kleeblatt* bei der Premiere durchfiel, bezichtigte ihn der Kritiker des *Sammlers*, M. Markbreiter, das Stück unmittelbar nach dem Mißerfolg von *Die beiden Herrn Söhne* überhastet geschrieben zu haben: Die „Monotonie" dieses „neueste[n] Produkt[es] seiner fleißigen Feder" sei auf die „Schnelligkeit" zurückzuführen, mit der er es bearbeitet habe.[3] Es gibt zwar tatsächlich Autoren, die wie der englische Lustspieldichter Noël Coward ein Stück innerhalb einer einzigen Woche konzipieren, schreiben und zum Abschluß bringen konnten – Nestroy zählte aber nicht zu ihnen. Seiner Kreativität liegen auch Fleiß und gründliche Vorarbeit zugrunde: So geht gerade aus den erhaltenen Handschriften zum *Gewürzkrämer-Kleeblatt* – wie auch zu den meisten anderen Nestroy-Stücken – hervor, daß er den Text sorgfältig vorbereitet und überarbeitet hat.

Nestroy war einer jener Schriftsteller, die ihre handschriftlichen Entwürfe, Neubearbeitungen und Aufzeichnungen nicht wegwerfen. Unter den Handschriften, die er spätestens ab Mitte der vierziger Jahre bei der Planung seiner Stücke heranzog, waren Listen numerierter Notizen, systematisch angelegte Sammlungen von witzigen Gedanken und Formulierungen, die er aufbewahrte, um sie bei Gelegenheit in einen Monolog oder eine passende Dialogstelle einzufügen. Nach seinem Tode wurden Teile seines Nachlasses verkauft und zerstreut.[4] Die umfangreichste Liste von numerierten Notizen, die die Überschrift *Reserve* trug, kam in den Besitz des Wiener Sammlers Franz Trau. Zu dessen Sammlung gehörte sie, als sie 1892 in der großen Wiener Internationalen Ausstellung für Musik- und Theaterwesen ausgestellt wurde.[5] Noch 1930, als Otto

2 *Der Humorist*, 11. April 1844, siehe Nestroy, *Stücke 21*, 146. Vgl. W. E. Yates, ‚Aus der Werkstatt eines „schreibelustigen" Genies: Zu Nestroys Bearbeitung englischer Vorlagen', in: *Johann Nestroy 1801–1862. Vision du monde et écriture dramatique*, hg. von Gerald Stieg und Jean-Marie Valentin, Asnières und Paris 1991, S. 165–176.

3 *Der Sammler*, 1. März 1845 (Nr. 34), S. 134 f.; vgl. Nestroy, *Stücke 22*, 376–378 (hier: S. 376 f.).

4 Zur Geschichte des Nachlasses vgl. Karl Gladt, *Die Handschriften Johann Nestroys*, Graz 1967, S. 11–21.

5 Vgl. den Katalog *Theatergeschichtliche Ausstellung der Stadt Wien. 1892* (Internationale Ausstellung für Musik- und Theaterwesen Wien 1892. Abtheilung für Drama und Theater), S. 117.

Rommel sie erstmals in der von ihm und Fritz Brukner herausgegebenen fünfzehnbändigen Nestroy-Ausgabe edierte,[6] gehörte die *Reserve* zur Sammlung Trau. Nach der Versteigerung dieser Sammlung im November 1934 galt sie aber als verschollen, bis sie 1996 von Birgit Pargner, Archivleiterin des Deutschen Theatermuseums, München, bei der Sichtung und Inventarisierung der Bestände als Teil einer größeren Mappe von Nestroy-Handschriften wiederentdeckt wurde.

Birgit Pargner konnte nachweisen, daß diese Mappe, deren Inhalt großteils aus Vorarbeiten zur Posse *Heimliches Geld, heimliche Liebe* besteht und die von fremder Hand bis zur Seite „T 254" durchnumeriert wurde, im Jahre 1934 im Wiener Auktionshaus Gilhofer und Ranschburg aus der Sammlung Trau versteigert und von Franz Rapp, dem ersten wissenschaftlichen Leiter des Münchner Theatermuseums, über das Münchner Auktionshaus J. Halle für den Spottpreis von 205 Reichsmark und 31 Pfennig erworben wurde.[7] (Zu dieser Zeit kostete z. B. ein Einzelband der bei Reclam erschienenen Reihe *Deutsche Literatur in Entwicklungsreihen* durchschnittlich 9 Mark in Leinen, 15 Mark in Halbleder.)

Die *Reserve* ist mit ihren 35 Manuskriptseiten und 254 numerierten Notizen (die Zählung ist übrigens fehlerhaft, denn sie geht direkt von 155 auf 166 über) zwar nicht die einzige, aber die umfangreichste und wichtigste Handschrift dieser Art und gewährt einen besonders guten Einblick in die Werkstatt des Dramatikers. In der Wiener Stadt- und Landesbibliothek sind ein doppelseitig beschriebenes Einzelblatt mit sechzig numerierten Eintragungen[8] und eine kürzere Liste mit der Überschrift *R. P. J. Ideen* erhalten (Die Abkürzung „R. P. J." bezieht sich möglicherweise auf eine Quelle, die sich aber noch nicht eruieren ließ.) Beide Handschriften sind im vorliegenden Band (S. 98–105, 108–111) wiedergegeben. Die *Ideen* wurden zum ersten Mal im Jahre 1901 von Moritz Necker veröffentlicht,[9] die Handschrift konnte aber erst 1999 von der Wiener Stadt- und Landesbibliothek erworben werden.

Zu den in diesen Handschriften überlieferten Aufzeichnungen

6 Johann Nestroy, *Sämtliche Werke*, hg. von Fritz Brukner und Otto Rommel, 15 Bde., Wien 1924–1930, XV, 680–703.

7 Vgl. Birgit Pargner, ‚Die Wiederentdeckung verschollener Originalhandschriften von Johann Nestroy im Deutschen Theatermuseum in München', in: *„Bei die Zeitverhältnisse noch solche Privatverhältnisse": Nestroys Alltag und dessen Dokumentation*, hg. von W. Edgar Yates, Wien 2001, S. 82–86.

8 Wiener Stadt- und Landesbibliothek, Handschriftensammlung, I. N. 162.724.

9 Moritz Necker, ‚Aus Nestroy's Werkstatt', *Die Wage*, 4. Jg. (Nr. 50), 9. Dezember 1901, S. 794 f. (Text: S. 795).

gehören einige der bekanntesten und am häufigsten zitierten ‚Aussagen' Nestroys, auf die kein ‚Nestroy-Brevier' verzichten könnte, z. B.:

Aus den *Ideen*:

> Die Parzen haben den Lebensfaden von den Spindeln seiner Füsse bereits abgewickelt.
>
> Das Vergnügen an Schönheit gewinnt durch Unwissenheit in der Anatomie derselben.

Aus der Handschrift I. N. 162.724:

> Während die Wirklichkeit heult wie Sturm, schlummert das stille Ideal in den flüsternden Kammern der Phantasie.

Aus der *Reserve*:

> Über ein altes Weib geht nix, als ein Mann, der ein alt's Weib is.
>
> Es giebt Leute deren Herzen gerade in dem Grad einschrumpfen, als ihre Geldbörsen sich erweitern
>
> Ich kann mir diese gerade als Frau denken, aber als die meinige nicht.
>
> Die Alltäglichkeit übt über Alles ihre Rechte aus.
>
> Antiquar (Todtengräbergeschäft der Litteratur.)
>
> Die Liebe ist ein Traum, die Ehe ein Geschäft
>
> Nichts ist das Wahre weil gar nichts wahr is. *Nihilismus*
>
> Liebe ist ein Beweis von Schwäche, den man einem noch schwächeren Wesen giebt

Eine Notiz dieser Art, „Täuschung ist die feine aber starke Kette, die durch alle Glieder der Gesellschaft sich zieht; betrügen oder betrogen werden das ist die Wahl, (und wer glaubt es giebt ein Drittes der betrügt sich selbst)" (*Reserve*, Nr. 12), hat Nestroy 1846 in einem dem „Meister der Täuschung", dem Zauberkünstler Karl Kompars Herrmann, gewidmeten Stammbuchblatt verwendet:

> Täuschung ist ein großes Wort, sie hält
> Zusammen das Dings da, die Welt,
> D'rum hat man auch keine Wahl auf Erden,
> Als täuschen, oder getäuscht zu werden;
> Wer glaubt, daß es ein Drittes gäbe,
> Der täuscht sich selbst, so wahr ich lebe.[10]

---

10 Vgl. Jürgen Hein, ‚Nestroy-Handschriften in Genf und ein Einlageblatt zu *Die schlimmen Buben in der Schule*', *Nestroyana* 12 (1992), S. 43–54 (Text: S. 48). Zu Herrmann siehe Walter Obermaier, ‚Noch einmal: der Meister der Täuschung', *Nestroyana* 14 (1994), S. 57–59; Rainer Theo-

Die meisten ‚Notizen' fanden aber in den Possen Verwendung. Nestroy muß die *Reserve* und die verwandten Handschriften vor sich auf dem Schreibtisch – oder neben sich auf dem Nachttisch – gehabt haben, wenn er Monologe und Dialogstellen entwarf.

Sowohl der Sprachwitz Nestroys – die für seinen Dialog bezeichnenden antithetischen Wortspiele und prägnanten Sarkasmen – als auch die ironischen Bemerkungen, mit denen viele Monologe schließen und die dann als Refrain des darauffolgenden Couplets dienen, verleihen seiner Sprache eine ‚aphoristische' Qualität, was manche Forscher sogar dazu verleitet hat, von seiner „aphoristischen Schaffensart" (Hannemann) zu sprechen: Ein „Blick in die Werkstatt" zeige, „daß Nestroy in seiner Denk- und Arbeitsweise ein Aphoristiker war".[11] Rommel hat die numerierten Eintragungen in der *Reserve* als „Aphorismen und Notizen" bezeichnet, der Begriff ‚Aphorismus' war aber nicht glücklich gewählt, da die Aufzeichnungen nicht als selbständige ‚Aussagen' intendiert waren.[12] Die überzeugendsten und fundiertesten Analysen von Nestroys Sprache konzentrieren sich mit Recht auf deren Funktion als „dramatisches Ausdrucksmittel" (Hillach).[13] Daß Nestroy die Bonmots meistens der von ihm selbst gespielten Hauptfigur in den Mund legt, ändert nichts daran, daß sie von dramatischen Figuren gesprochen werden und ihre Wirkung innerhalb einer dramatischen Fiktion haben. Zwei Bogen von Nestroys Handschrift der *Reserve* (der dritte und fünfte) haben die einfache Überschrift „Notizen", die der Funktion der Aufzeichnungen genau entspricht.

Das erste Stück, das einen Einblick in Nestroys systematische Verwendung seiner Listen von ‚Notizen' gewährt, ist die Posse *Die*

---

bald, ‚Nestroys Meister der Täuschung in Berlin', *Nestroyana* 18 (1998), S. 50–52.

11 Bruno Hannemann, *Johann Nestroy. Nihilistisches Welttheater und verflixter Kerl. Zum Ende der Wiener Komödie*, Bonn 1977, S. 131 f. – Hier zeigt sich wohl noch der Einfluß von Karl Kraus' Aufsatz ‚Nestroy und die Nachwelt. Zum 50. Todestage', *Die Fackel* Nr. 349–350 (13. Mai 1912), S. 1–23 (bes. S. 6).

12 Vgl. W. Edgar Yates, ‚Nestroys Kollektaneen', in: *„Verbergendes Enthüllen". Zu Theorie und Kunst dichterischen Verkleidens. Festschrift für Martin Stern*, hg. von Wolfram Malte Fues und Wolfram Mauser, Würzburg 1995, S. 241–250 (bes. S. 241 f.).

13 Ansgar Hillach, *Die Dramatisierung des komischen Dialogs. Figur und Rolle bei Nestroy*, München 1967, S. 20. Vgl. auch Dagmar Gengnagel, ‚Zur sprachlichen Gestaltung der Possen Johann Nestroys', *Wissenschaftliche Zeitschrift der Friedrich-Schiller-Universität Jena* 11 (1962), Gesellschafts- und Sprachwissenschaftliche Reihe, Nr. 1, S. 119–130; Siegfried Brill, *Die Komödie der Sprache. Untersuchungen zum Werke Johann Nestroys*, Nürnberg 1967; Jürgen Hein, *Spiel und Satire in der Komödie Johann Nestroys*, Bad Homburg v. d. H. 1970, S. 50–71.

beiden Herrn Söhne, in der er Eintragungen aus der Wiener Handschrift I. N. 162.724 verwertet. In den Vorarbeiten zu seinen Stükken aus den nächsten Jahren weist er dann sehr häufig auf die Formulierungen aus der *Reserve* hin. Meistens führt er ein gekürztes Zitat an und notiert auch die Nummer der Eintragung; mindestens einmal – in den Vorarbeiten zu *Der alte Mann mit der jungen Frau* – gibt er nur eine Reihe von Zahlen an.[14] Das letzte Stück, bei dem er Notizen aus der *Reserve* herangezogen hat, ist *Heimliches Geld, heimliche Liebe*. Die *Reserve* und die anderen verwandten Listen gehörten also nachweislich zehn Jahre lang – von 1844 bis 1853 – zum Grundstock für seine Produktion.[15] Den Refrain „Es is nicht der Müh wert" (Nr. 53) hat er noch 1856/57 in *Umsonst* verwendet (*Stücke 35*, 20–23).

Diese Funktion der Listen war der Nestroy-Forschung schon lange bekannt. Bereits 1901 schrieb Moritz Necker: „Da er so großen Werth auf geistreiche Wendungen, glückliche Einfälle, schnurrige Vergleiche, überraschende Pointen legte, so zeichnete er sie sich auf, wenn sie ihm beifielen, um sie bei Gelegenheit in einem Dialog anzubringen."[16] Viele dieser „glücklichen Einfälle" sind allerdings ursprünglich nicht ihm, sondern anderen ‚beigefallen'. Sogar einige als für Nestroys Weltanschauung angeblich bezeichnend häufig zitierte Notizen stammen nicht von ihm. Ein Beispiel ist unter Nr. 128 der *Reserve* zu finden: „Was hat denn die Nachwelt für uns gethan? Nichts. Das nehmliche thue ich für die Nachwelt". Otto Rommel hat schon 1926 auf eine „ungarische Anekdote" aus dem 1838 in Leipzig erschienenen Band *Wien wie es ist. Eine*

---

14 Wiener Stadt- und Landesbibliothek, Handschriftensammlung, I. N. 33.390. Vgl. *Stücke 27/I*, 204.

15 Die *Reserve* weist zwischen den beiden Aufzeichnungen Nr. 101 und 102 einen an einen Theaterdirektor gerichteten Briefentwurf über die mögliche Aufführung der Posse *Der Unbedeutende* in Hamburg [?] auf, was die ungefähre Entstehungszeit der Handschrift bestätigt. Vgl. Walter Obermaier, ‚Unerwartete Entdeckungen. Bemerkungen zu Nestroys Briefen', *Nestroyana* 20 (2000), S. 145–156.
Der Text des Briefentwurfs lautet:
Euer Wohlgeb[or]en
Obwohl es mir (+ überhaupt +) schwer ist einer (× {sch} ×) ei[n]mahl gefaßten und ausgesprochenen Ansicht entgegenzuhandeln, so habe ich mich dennoch entschloßen, um Ihrem Wunsche zu entsprechen und Ihnen mein[e] Gutwilligkeit zu zeigen, den „Unbedeutenden" zu übersenden. Morgen geht Buch und *Partitur* nach {Hamburg} ab und ich wünsche daß der Erfolg günstiger ist, als ich nach dem Buchnahme (× zu {vermuthen} (×+ {*[zwei Wörter unleserlich]*} +×) gezwungen {*[ein Wort unleserlich]*} ×) zu befürchten (× mußte {z} ×) gezwungen (× bin ×) war.
Mit besonderer Hochachtung zeichne ich

16 ‚Aus Nestroy's Werkstatt' (wie Anm. 9), S. 795.

Sammlung von Original-Volksscenen, Anekdoten, Bonmots, Räthseln von Mikroskop [d. i. Eduard Maria Hügel] als Quelle hingewiesen: „Ein Stadtrichter sagte: Ich brauche nichts für die Posteriora und die Nachwelt zu thun, Sie hat auch für Uns nichts gethan".[17] Kurz, Nestroy borgte ‚Einfälle', die er sich geistig aneignete, so wie er auch den Stoff zur Handlung seiner Possen borgte. Es handelt sich also bei den Listen zumindest teilweise um ‚Kollektaneen', gesammelte Früchte seiner Lektüre. Dies hat als erster Friedrich Walla festgestellt: „Wenn Nestroy ein Buch las, sei es ein Theaterstück oder einen Roman, so tat er es mit einem Bleistift in der Hand".[18] Die Originalität Nestroys zeigt sich in der Art der Aneignung, der Bearbeitung und schöpferischen Neubelebung der Idee: „Er ist umso schöpferischer, wo er den fremden Stoff zum eigenen Werk erhebt" (Karl Kraus).[19]

Die systematische Suche nach den Quellen ist noch im Anfangsstadium; im folgenden können also nur Beispiele für Nestroys Aneignungs- und Arbeitsweise angeführt werden. Der früheste Beleg für die Verwendung einer der Kollektaneen aus seinen Listen ist wohl im zweiten Akt der Posse *Der Zerrissene* aus dem Jahr 1844 zu finden; hier läßt sich die Entwicklung des Gedankens vom Original über die Wiener Handschrift I. N. 33.453 bis zur Endfassung des Stücks verfolgen:

> L'avenir leur offrait bien quelques espérances, mais il faut pouvoir y arriver, à cet avenir.
>
> Paul de Kock, *Moustache* (*Œuvres de Paul de Kock*), Paris o. J., Kap. 7, S. 121.
>
> Die Zukunft biethet Hoffnungen dar, aber wie zur Zukunft gelangen ohne *ect.* I. N. 33.453
>
> KATHI. Also haben Sie doch Hoffnung für die Zukunft?
> LIPS. Das wohl, aber die Zukunft is noch nicht da, und wie hinüberkommen in die Zukunft? ohne Essen kommt man nicht durch die Gegenwart.
>
> *Der Zerrissene* [1844], II, 2

Ähnlich gut dokumentiert ist die Entstehung einer Stelle in der Posse *Die beiden Herrn Söhne*, die ebenfalls auch als Aufzeichnung in der Wiener Handschrift I. N. 162.724 belegt ist. In diesem Fall geht der Gedanke auf eine Stelle aus Charles Dickens' Roman *Martin*

17 Johann Nestroy, *Sämtliche Werke* (wie Anm. 6), VIII, 388 f.
18 Friedrich Walla, ‚Der Dichter als Handwerker: Selbstzitate bei Nestroy. Bemerkungen zu Nestroys Arbeitsweise', *Nestroyana* 3 (1981), S. 3–13 (hier S. 6).
19 Karl Kraus, ‚Nestroy und die Nachwelt' (wie Anm. 11), S. 7.

Chuzzlewit zurück, die im Englischen ein geflügeltes Wort ist: „A lane was made; and Mrs Hominy […] came slowly up it, in a procession of one".[20] In den Jahren 1843–1845 erschienen nicht weniger als vier deutsche Ausgaben von Dickens' Roman im Druck; Friedrich Walla ist es gelungen nachzuweisen, daß Nestroy die 1843–44 bei Weber in Leipzig veröffentlichte Übersetzung von E. A. Moriarty verwendet hat.[21] Bei Moriarty lautet die betreffende Stelle folgendermaßen: „Eine Gasse ward gemacht, durch welche Mrs. Hominy, mit dem aristokratischen Gang, dem Taschentuch, den gefalteten Händen und der classischen Mütze, wie eine Procession, aus einer Person bestehend, langsam herankam."[22] Den Roman *Martin Chuzzlewit* legte Nestroy später der Posse *Die lieben Anverwandten* (1848) zugrunde. Gerade anhand der Vorarbeiten zu dieser Posse konnte Friedrich Walla nachweisen, daß die meisten Notizen aus der Handschrift I. N. 162.724 aus *Martin Chuzzlewit* stammen,[23] darunter auch die oben zitierte Eintragung Nr. 33, „Während die Wirklichkeit heult wie Sturm, schlummert das stille Ideal in den flüsternden Kammern der Phantasie". Nestroy las aber Dickens' Roman bereits vier Jahre zuvor (1844) und entnahm einzelne Wendungen daraus. So hat er sich das Bild der aus einer einzigen Person bestehenden ‚Prozession' notiert und dann unverändert in den zweiten Akt von *Die beiden Herrn Söhne* aufgenommen:

> Geht allein, aber wie eine Prozession, die aus einer einzigen Person besteht. I. N. 162.724, Nr. 32
>
> THERESE. […] einen Gang hat s', als wie eine Prozession, die aus einer einzigen Person besteht.
> *Die beiden Herrn Söhne* [1845], II, 13

Es handelt sich hier um eine Arbeitsweise, die für den Dramatiker Nestroy charakteristisch ist, die Einarbeitung von geglückten Formulierungen. Oft notiert er etwa am Rande eines Szenars oder eines Entwurfs eine Wendung oder eine Idee, die er dann in den Endtext aufnimmt:

> Wechselseitige Lebensverbitterungsanstalt
> I. N. 33.334 (*Stücke 16/I*, 146)
>
> KILIAN. […] das Geld, was man auf die Hochzeit ausgiebt

---

20 Charles Dickens, *The Life and Adventures of Martin Chuzzlewit*, 34. Kapitel. Zitiert nach der ersten Buchausgabe, London 1844, S. 406.

21 Vgl. *Stücke 25/II*, 118–121.

22 Vgl. *Stücke 25/II*, 201.

23 Zu Nestroys Übernahme von Stellen aus Moriartys Übersetzung siehe *Stücke 25/II*, 136–203.

ist sehr häufig die erste Einzahlung in die wechselseitige Lebensverbitterungs[-]Anstalt.

Der Färber und sein Zwillingsbruder [1840], I, 10

(× gebietherische ×) *Categorische Imperativ* des Geldes

I. N. 136.994 (*Stücke 34*, 161)

STEGREIF. Sie vergessen ja ganz, daß die, die Sie lieben, Ihre Frau Tante werden muß, gezwungen durch den categorischen Imperativ des Geldes [...]

„Nur keck!" [1855], II, 5

Manchmal handelt es sich dabei um eine Formulierung, die er zunächst in der *Reserve* aufgezeichnet hatte, wie z. B. die aus Eduard Maria Hügel übernommene Überlegung zur Nachwelt:

Was hat denn die Nachwelt für uns gethan? Nichts. Das nehmliche thue ich für die Nachwelt *Reserve*, Nr. 128

128. Was hat die Nachwelt für uns getha[n]
Anticipande Revange I. N. 33.371

GOTTLIEB. Der kluge Mann der Gegenwart sagt, „was hat denn die Nachwelt für mich gethan? Nichts! gut, das Nehmliche thu' ich für sie."

Der Schützling [1847], I, 2

Seine Blicke sind die Noten nach welchen die Nachtigallen in Persien die Rosen besingen. *Reserve*, Nr. 114

114 Blike Noten nach welchen die Nachtigallen im Orient die Rosen besingen I. N. 94.422

EDELSCHEIN. [...] deine Blicke sind nur geschaffen die Noten zu seyn, nach welchen die Nachtigallen im Orient Liebe und Rosenduft besingen.

Die lieben Anverwandten [1848], IV, 3

Das Schiksal nimmt manchmahl um nicht zu schrecken, die launige Miene des Zufalls an *Reserve*, Nr. 189

189. Schiksal nimmt manchmahl die launige Miene des Zufalls an I. N. 33.379

SCHLICHT. [...] das tyrannisch ernste Schicksal kommt mir in der populären Harlekins-Maske des Zufalls entgegen und reicht mir eine Art Versöhnungshand.

Mein Freund [1851], III, 9

Viele derartige ‚Einfälle' sind in mehr als einem Konzeptblatt belegt. So weist Nestroy auf die Formulierung „[Der] Bakfisch im ungebakenen Zustand" (*Reserve*, Nr. 9) zumindest viermal hin;[24] der Gedanke „Man glaubt nicht was jeder Mensch glaubt, was er für ein Mensch is" (*Reserve*, Nr. 50) findet sich zumindest in acht weiteren Handschriften.[25]

Manchmal nimmt Nestroy in den Dialog eine Idee auf, die er nicht der unmittelbaren Vorlage der betreffenden Posse, sondern seiner Lektüre eines weiteren Romans oder Theaterstücks verdankt:

> Vous voyez bien que je suis trop jeune pour vous, si vous n'êtes pas trop vieux pour moi.
>
> George Sand, *La mare au diable* (*Œuvres choisies,* 3 Bde., Brüssel 1851, Bd. 3, S. 199)

> Ich will auch nicht sagen, daß er für Hochdieselben zu alt is, nur die Bemerkung, daß Hochdieselben für ihn zu jung sind, kann ich nicht unterdrücken.
>
> *Der Schützling* [1847], I, 11 (I. N. 34.523)

Diese Arbeitsweise – die schließlich dazu führte, daß Saphir ihn des Plagiats bezichtigte[26] – läßt sich besonders klar am Beispiel der Romanfassung von Paul de Kocks *Moustache* verfolgen, da hier die Entwicklung verschiedener Formulierungen vom Original über Nestroys Liste der Kollektaneen „Aus *Moustache*" bis zum Endtext von *Die beiden Herrn Söhne* belegt ist, z. B.:

> [...] ce n'est pas un crime d'être pauvre; quand on n'a jamais commis de bassesse, pourquoi rougirait-on de sa misère?
>
> *Moustache*, Kap. 9, S. 139

> Über Armuth braucht man nicht zu erröthen, weit mehr haben Ursache über ihren Reichthum zu erröthen.
>
> I. N. 33.453

> Ah was, über die Armut braucht man sich nicht zu schämen, da gibt's viel mehr Leut, die sich über ihren Reichtum schamen sollten.
>
> *Die beiden Herrn Söhne* [Entwurf] (*Stücke 22*, 254)

24 Wiener Stadt- und Landesbibliothek, Handschriftensammlung, I. N. 33.379, 94.320, 94.375, 94.427.

25 Wiener Stadt- und Landesbibliothek, Handschriftensammlung, I. N. 33.354, 33.371, 33.379, 33.398, 94.392, 94.420, 135.819 (Vorarbeiten); 33.413 (*Mein Freund*, Entwurf).

26 ‚Didaskalien. Von M. G. Saphir: Des Wiener Volksstücks Glück und Ende, III', *Der Humorist*, 11. Jg., Nr. 117 (17. Mai 1847), S. 465–468. Vgl. W. Edgar Yates, ‚„Ich will hiemit gar nicht gesagt haben, daß Herr N. entlehnt ...". Zu Nestroys Einfällen und Refrains', *Nestroyana* 20 (2000), S. 99–112.

[...] vous ne m'avez jamais refusé la côtelette de l'amitié et le chocolat de l'amour. *Moustache*, Kap. 2, S. 36

Mir nie die Kotletten der Freundschaft, die *Chocolade* der Liebe verweigert I. N. 33.453

[...] kannst dir mit deiner Weisheit nicht selbst die Karbonadeln des Genusses aufs saure Kraut des Lebens legen?
Die beiden Herrn Söhne [1845], I, 11

In den numerierten Listen finden sich Formulierungen, die unmittelbar auf verschiedene literarische Quellen zurückgehen, auch wenn Nestroy schließlich nicht dazugekommen sein mag, sie in einer Posse zu verwenden:

[..] als wenn drüben wär
Ein Ohr, zu hören meine Klage,
Ein Herz wie meins,
Sich des Bedrängten zu erbarmen.
Goethe, ‚Prometheus'

Da droben ist kein Ohr, zu hören meine Klage, kein Herz wie meines, sich zu erbarmen, des Bedrängten.
Reserve, Nr. 209

TIMOTHÉE. Oh! les femmes! les femmes! Quand on inventera quelque chose de mieux, je prendrai des actions.
Paul de Kock u. Varin, *Moustache*, comédie-vaudeville (Magasin Théâtral, 1838), S. 12

Die Weiber sind doch etwas prächtiges, wenn je etwas besseres erfunden wird, so nehme ich *Actien* drauf.
I. N. 162.724, Nr. 51

Manchmal läßt sich wie bei den bereits zitierten Stellen aus *Der Zerrissene*, *Die beiden Herrn Söhne* und *Der Schützling* die Entwicklung einer Formulierung vom Original über die *Reserve* oder eine andere Liste bis zur Endfassung einer Posse verfolgen:

LEPORELLO. Ihren Namen? Eh, den les ich so aus ihrem Wuchs, aus ihrer Physiognomie – Herr, wie der Name, so sieht der Mensch aus, – Ihr glaubt nicht, was so ein Schall tut, – die Amalien sind lang und schwärmerisch, die Karolinen drall und pfiffig, die Julien voll und lebhaft, die Wilhelme, die Christiane, haben so etwas von viel gebrauchten Geldstücken, und sind abgeschabt, mager und bleich, – die Augusten neigen sich zum Braunen, – [...]
Grabbe, *Don Juan und Faust*, I, 1

(weibliche Nahmen) Wer kann sich ein[e] *Clara* anders als fromm [vorstellen], eine *Julie* geistreich und etwas leichtsinnig, eine Auguste ernst und stolz, eine Amalie sanft und hingebend, eine Rosa kindlich, eine *Anna* wirthschaftlich, eine *Louise sentimental*? Marie ernst, schwermüthig oder unglüklich. *Reserve*, Nr. 181

VICTOR. Seht doch, da stimmen wir auch in dem Vorurtheile zusammen, daß die Taufnahmen Einfluß auf den Charakter haben.

LAMPL. O, ungeheuer!

VICTOR. Ich wenigstens, muß mir unwillkührlich jede Klara fromm dencken, jede Rosa kindlich, jede Auguste stolz, die Amalien sanft und hingebend, die Nanetten wirthschaftlich, die Louisen sentimental –

LAMPL. Die Regerln schlampet, und die Urscheln fad.

VICTOR. Und so sind auch die Marien ernst schwermüthig, und etwas unbeugsam nebenbey.

Die lieben Anverwandten [1848], I, 8

Il ne faut, pour cela, qu'un peu de bonne volonté de ta part, surtout de la mémoire.

– Au contraire, dit Thérèse, il faut oublier.

Michel Masson, *La Femme du réfractaire*, Kap. 4[27]

Es gehört ein Gedächtniß dazu, daß man immer fleißig denkt an den Abstand, – eine Vergessenheit gehört nur dazu, was wier uns früher waren. *Reserve*, Nr. 35

REGINE. Ich habe es dir schon öfter gesagt, folglich ist nur guter Wille und etwas Gedächtniß vonnöten.

THERES. Im Gegentheil, 's gehört Vergessenheit dazu.

Der alte Mann mit der jungen Frau [1849], II, 3

Der Text der *Reserve* ist mit Bleistift, aber sorgfältig geschrieben. Wie bei vielen der Possen hat Nestroy auf die eine Hälfte der Seite den Text geschrieben, die andere Hälfte – in diesem Fall die linke – für Querverweise oder sonstige Aufzeichnungen frei gehalten. Sobald er sich entschlossen hatte, eine Wendung oder einen Gedanken in einer Posse oder in den Vorarbeiten zu einer Posse zu verwenden, strich er die betreffende Eintragung durch. So zeugen die Streichungen in der Wiener Handschrift 162.724 davon, wie Nestroy diese Liste 1844 bei der Arbeit an *Die beiden Herrn Söhne* wiederholt heranzog. Ein Beispiel aus der *Reserve*, das die gleiche Arbeitsweise veranschaulicht, ist Nr. 96, ein Gedanke, der für die Posse *Der*

27 Zitiert nach *Stücke 27/I*, 113; siehe auch *Stücke 27/I*, 367.

Schützling (1847) intendiert war: „Epheuseelen die sich anranken müßen, und in dieser Anrankungssucht, jeden Stock für eine Ceder anschauen"; auf der linken Blatthälfte findet sich die Anweisung: „3ter Act / G. *[= Gottlieb]* nach der Wiederfindungsscene vor Lied"; und tatsächlich hat Nestroy die Metapher im dritten Akt – allerdings nicht in einer Scene vor einem Lied, sondern in einem Monolog – verwendet: „Sie gehört unter die Epheu-Seelen die sich an etwas anranken müssen, und in dieser Anrankungssucht schau'n sie jedes hohlaufgeschoss'ne Rohrgewächs für eine Ceder an."[28] Die „Epheuseelen" kommen auch in der nächsten Aufzeichnung in der *Reserve*, Nr. 97, vor: „Wenn Zwey Epheuseelen sich aneinanderranken, das is so, wie wenn zwey Besoff'ne einander nach Haus führen wollen." Obwohl diese Notiz nicht gestrichen ist, dürfte Nestroy 1844 bei der Arbeit an *Die beiden Herrn Söhne* daran gedacht haben, denn die Betrunkenen wurden in den ersten Akt von *Die beiden Herrn Söhne* aufgenommen, während die ‚Epheuseelen' für den *Schützling* aufbewahrt und in *Die beiden Herrn Söhne* durch einen Witz über das Versicherungswesen ersetzt wurden: „Recht," sagt der Diener Balg, „so bilden wir eine wechselseitige Versicherungsanstalt." Worauf Vincenz – wie Gottlieb, eine Figur, die von Nestroy selbst gespielt wurde – antwortet: „Als wie zwei Bsoffne, wo einer den andern nach Haus führen will" (I, 5). Daß Nestroy bei der Arbeit an einem Stück seine Pläne nicht nur für die Handlungsführung,[29] sondern auch für die Einarbeitung von sprachlichen Details änderte, ist vielfach belegt. Ein weiteres Beispiel dafür ist die bereits angeführte, in die Endfassung von *Die beiden Herrn Söhne* schließlich nicht aufgenommene Notiz über „Armuth" und „Reichthum" aus *Moustache* (I.N. 33.453); in ähnlicher Weise deutet Nestroy in einem frühen Entwurf zu *Der alte Mann mit der jungen Frau* ausdrücklich auf die Eintragung Nr. 94 der *Reserve* hin: „94 Der Mensch ist mit der Gewohnheit verwachsen *ectr*",[30] hat sie dann aber in der Endfassung nicht verwendet.

Die Fassung der *Reserve*, die Otto Rommel 1930 in der von ihm

28 *Der Schützling* (1847), III, 10; *Stücke 24*, 155.

29 So sind beispielsweise zu *Heimliches Geld, heimliche Liebe* ein „Detail-Nachtrag" und „Correcturen" erhalten (Dt. Theatermuseum, München, I.N. VIII 6000, vgl. Jürgen Hein, ‚Wiedergefundene Handschriften zu Nestroys *Heimliches Geld, heimliche Liebe* aus der „Sammlung Trau"', *Nestroyana* 20 [2000], S. 134–144), zu *„Nur keck!"* ein „Plan-Aenderungs-Plan" und „Correcturen nach Veränderungs-Plan" (*Stücke 34*, 182–186, 189 f.).

30 Wiener Stadt- und Landesbibliothek, Handschriftensammlung, I. N. 33.394 (verso).

und Fritz Brukner edierten fünfzehnbändigen Nestroy-Ausgabe veröffentlichte,[31] ist eine fehler- und lückenhafte Transkription. Fehlerhaft transkribierte Eintragungen schwächen die Anschaulichkeit und satirische Kraft der Formulierungen: In Nr. 21 handelt es sich z. B. um den Zweifel als einen „Eremitischen Wurm", der sich in unserem Innern nährt und „seine beengenden Ringe schlingt um unser Herz", nicht (wie bei Rommel) „seine beengendsten Ringe schließt um unser Herz"; dadurch, daß in Nr. 85 („Ein Mondscheinstrahl der We[h]muth in die Gewitternacht – (Erinnerung)") das Wort „Wehmut" bei Rommel durch ‚Demut' ersetzt wird, geht das satirische Bild der romantischen Pose verloren. Zu den von Rommel als „unleserlich" bezeichneten Eintragungen gehören u. a. Nr. 216, die aus dem einzigen Wort: „Muselfrau" besteht, einem scherzhaft geprägten Femininum von ‚Muselmann', das Nestroy in die Vorarbeiten zu *Freiheit in Krähwinkel* und *Der holländische Bauer* aufgenommen hat,[32] und Nr. 235, die Variation eines alten Scherzes: „Geister rufen W.W. (Wienerwährung)". Ebenfalls lückenhaft sind Rommels Angaben über Nestroys Streichungen, die von seiner Verwendung oder intendierten Verwendung der von ihm notierten Formulierungen in einer Posse zeugen. Schließlich berücksichtigt Rommel nicht die Siglen und Zeichen, die Nestroy am linken Rand eingetragen hat. Zum Teil handelt es sich um die für Nestroys Entwürfe typischen Abkürzungen „*Rf*" oder „*Rfr.*" (‚Refrain') und „*Mlg*" (‚Monolog'); es gibt z. B. mehrere Hinweise auf den „Selbstmord*mlg*" in der Posse *Der Schützling*. Darüber hinaus verwendet Nestroy aber auch verschiedene Sonderzeichen. Diese dienen als Hinweise auf das jeweilige Werk, in dem er die betreffende Eintragung verwenden wollte. (Seine ‚Buchhaltung' ist allerdings, wie Urs Helmensdorfer betont, ungenau,[33] sowohl was die Streichungen als auch was die Verwendung der Notizen in bestimmten Stücken betrifft.) Die Bedeutung der Zeichen konnte bislang nur teilweise mit Sicherheit festgestellt werden. Das Zeichen ✕ weist auf *Der Unbedeutende* hin, ein doppeltes Kreuz # auf *Der Schützling*, Q auf *Zwey ewige Juden für einen*, ein durchgekreuzter Kreis ⊗ auf den Plan *20 und 60*, eine Vorstufe zu *Der alte Mann mit der jungen Frau*. Noch nicht identifiziert sind die in der *Reserve* weniger häufig vorkommenden Zeichen ⊛, ⊗ und ⫽. Neben dreißig Eintragungen stehen die Buchstaben „Ch", ein Hinweis auf die Posse *Die lieben Anverwandten*,[34] für die

31 Vgl. Anm. 6.
32 Wiener Stadt- und Landesbibliothek, Handschriftensammlung, I. N. 33.379, I. N. 33.398.
33 *Stücke 27/I*, 366.
34 Die Abkürzung „Chj" in Nr. 123 bedeutet wohl „Ch[uzzlewit] j[uni-

Nestroy anscheinend das Kürzel „Chuzzlewit“ verwendete, so wie *Der alte Mann mit der jungen Frau* zunächst den Arbeitstitel *20 und 60* trug und der gesamte in München erhaltene Entwurf von *Heimliches Geld, heimliche Liebe* noch *Briefe* hieß.

Die vorliegende Ausgabe will grundsätzlich nur einen Paralleldruck (Faksimiledruck mit einer vollständigen Transkription) ohne einen ausführlichen wissenschaftlichen Anmerkungsteil bieten: also einen Text zum Lesen und zum Anschauen. Sie will den geplanten Nachtragsband der historisch-kritischen Ausgabe nicht ersetzen, sondern in erster Linie die Texte in brauchbarer Form zugänglich machen. Eine vollständige Analyse der Quellen – die großenteils noch der Identifizierung harren – und der Verwendung der Notizen in den Possen wird man erst dann unternehmen können, wenn die historisch-kritische Ausgabe vollständig ist. Es sei hier auf vier Untersuchungen verwiesen, in deren jeweils größerer Genauigkeit und Ausführlichkeit sich die Fortschritte zeigen, die der Nestroy-Forschung in den letzten fünfzig Jahren möglich gewesen sind: 1949 hat Otto Rommel als erster eine nützliche, wenngleich unvollständige Liste von Textstellen, in denen Nestroy die Notizen verwendet hat, im letzten Band der von ihm herausgegebenen sechsbändigen Nestroy-Ausgabe veröffentlicht.[35] Rommels Angaben wurden 1969 von Friedrich Walla ergänzt, der in seiner Dissertation die Verwendung der Notizen in den Stücken systematisch nachgewiesen hat. Die Bände *Stücke 27/I* (1997) und *Stücke 25/II* (2001) der historisch-kritischen Ausgabe schließlich enthalten detaillierte und exemplarische Analysen von Urs Helmensdorfer und Friedrich Walla. Diese beziehen sich auf *Der alte Mann mit der jungen Frau* bzw. *Die lieben Anverwandten* mit Querverweisen auf andere Stücke.[36]

Die *Reserve* und die anderen Listen von Notizen[37] sind für unser Verständnis von Nestroys Arbeitsweise von großer Bedeutung, und zwar nicht nur deswegen, weil sie wertvolle Zeugnisse bei der

---

or]“; sie findet sich auch im Szenar zu *Die lieben Anverwandten* (*Stükke 25/II*, 239 f.).

35 Johann Nestroy, *Gesammelte Werke*, hg. von Otto Rommel, 6 Bde., Wien 1948–1949, VI, 745.

36 *Stücke 27/I*, 364–372: „Exkurs I: Die ‚Notizen‘ im *Alten Mann*“; *Stücke 25/II*, 204–221. Es ist Walla ferner gelungen, für Nr. 43 (Masson, *Daniel le lapidaire*) und Nr. 219 (*Martin Chuzzlewit*) zwei bisher nicht identifizierte Quellen zu entdecken (siehe *Stücke 25/II*, 208 f., 203).

37 Ähnlich eingerichtet ist eine Handschrift, die zu den Vorarbeiten zum *Schützling* gehört (Wiener Stadt- und Landesbibliothek, Handschriftensammlung, I. N. 33.370): Auf vier Seiten finden sich 37 zumeist sorgfältig ausgeschriebene (aber nicht numerierte) Formulierungen (28 gestrichen), am Rand Verweise auf Akt, Szene, Figur.

wissenschaftlichen Suche nach seinen Quellen und Vorlagen sind. Nestroys Sprache ist durch ihre ‚aphoristisch' wirkenden Pointen gekennzeichnet; sein Sprachwitz wurde schon zu seinen Lebzeiten gefeiert. Karl Kraus hat ihn als „den geistvollsten deutschen Schriftsteller neben Lichtenberg" bezeichnet.[38] Der Witz ist aber nicht – oder nicht nur – das Erzeugnis ‚genialer' ‚Schreibelustigkeit', sondern sorgfältig konstruiert, und in der *Reserve* besitzen wir einen Schlüssel zum Konstruktionsprozeß.

ÜBERLIEFERUNG

1. *Reserve*. Eigenhändige Handschrift Nestroys, Bleistift, 10 Bogen (36 Seiten Text), ohne Wasserzeichen. Die einzelnen Bogen, l. o. von Nestroy beziffert, sind von unterschiedlicher Größe:

Umschlagbogen:	36,3 x 22,4 cm
Bogen 1:	38,5 x 22,9 cm
Bogen 2:	38,2 x 23,2 cm
Bogen 3:	35,5 x 21,8 cm
Bogen 4–5:	34 x 21,4 cm
Bogen 6:	34,1 x 21 cm
Bogen 7:	34,1 x 21,4 cm
Bogen 8:	35,8 x 21,8 cm
Bogen 9:	34,3 x 21,2 cm

Deutsches Theatermuseum, München
Handschriftensammlung, Autographen-Inventarnummer VIII 6000.

Die Handschrift gehört zu einem aus 254 von fremder Hand bezifferten Seiten im Folio-Format bestehenden Handschriften-Konvolut aus der ehemaligen Sammlung Trau. Der Großteil des Materials besteht aus Vorarbeiten zur Posse *Heimliches Geld, heimliche Liebe* (hier noch unter dem Titel *Briefe / Posse mit Gesang in Drey Acten / von J. Nestroy / 1853*). Ein zweites Titelblatt hat den Titel *Reserve*.

Auf dem Umschlagblatt dieser Mappe findet sich die Angabe „1934 durch Halle aus Slg Trau Wien / (127 Blätter) / RM. 205.31" (Bleistift) sowie eine weitere Eintragung: „Nestroy / 828" (Buntstift). Auf einem zweiten Blatt finden sich weitere Angaben: „1973 / Nestroy 127 Blatt / 828" (Bleistift und Buntstift).

Die *Reserve* besteht aus 254 numerierten Notizen (1–155, 166–264); infolge eines Schreibfehlers Nestroys springt die Rei-

38 *Die Fackel*, 232–233 (16. Oktober 1907), S. 27.

henfolge von 155 direkt auf 166. Viele Notizen sind gestrichen; die linke Blatthälfte weist auch verschiedene Zeichen und (z. T. nicht eindeutig entzifferbare) Hinweise auf Quellen (?) und Possentexte auf. Auf die erste Seite (Titel) folgen 35 Seiten Text. Die einzelnen Seiten haben l. o. den Stempel T [= Trau] und eine Numerierung von fremder Hand (T 1–2, 27–64) (Tinte), die letzte Seite jedes Bogens den Stempel des Theatermuseums München. Die beiden Bogen 3 (S. T 35) und 5 (S. T 43) haben die eigenhändige Überschrift *Notizen*.

2. Sechzig numerierte Notizen, ohne Überschrift. Bleistift, 37,3 x 22,9 cm (1 Blatt, doppelseitig beschrieben).
Wiener Stadt- und Landesbibliothek, Handschriftensammlung
Signatur: I. N. 162.724
Zu den „Konzeptblättern", aus denen Rommel 1949 im letzten Band der sechsbändigen *Gesammelten Werke* 69 z. T. numerierte Notizen veröffentlicht hat (GW VI, 577–581), gehört eine Handschrift, die 1946 von der Wiener Stadt- und Landesbibliothek erworben worden war und deren Inventarnummer Rommel als „94.321" angibt. Aus dieser Handschrift stammte der Großteil der von Rommel zusammengestellten Notizen (Nr. 19–53). Die Signatur I.N. 94.321 gibt es nicht mehr; es handelte sich dabei um ein Konvolut, aus dem das zweiseitige Blatt mit sechzig Eintragungen im Jahre 1965 als nicht dazugehörig ausgeschieden wurde und dann die neue Inventarnummer 162.724 erhielt.

3. *Aus Moustache*. Bleistift, 42,3 x 26,2 cm, 1 Seite.
Wiener Stadt- und Landesbibliothek, Handschriftensammlung
Signatur: I. N. 33.453
Gehört zu den Vorarbeiten zur Posse *Die beiden Herrn Söhne* (vgl. *Stücke* 22, 151, 171 f.).

4. *R. P. J. Ideen*. Tinte (die 12. der 14 Eintragungen mit Bleistift gestrichen), 34,2 x 22,3 cm.
Wiener Stadt- und Landesbibliothek, Handschriftensammlung
Zuwachsprotokoll 1027 [1999]
Von diesem Blatt hat die Wiener Stadt- und Landesbibliothek 1938 auch eine reduzierte Photographie erworben (I.N. 70.167). Die Abbildung in der Photographie ist oben abgeschnitten, so daß der Großteil der ersten Eintragung fehlt.

ZUR WIEDERGABE DER TEXTE

Bei der Wiedergabe der Handschriften wurde Nestroys eigentümliche und inkonsequente Schreibpraxis (Rechtschreibung und Interpunktion) grundsätzlich ohne Normalisierung beibehalten; nur Geminationsstriche ($\overline{m}$, $\overline{n}$) wurden durchwegs aufgelöst. Lateinschrift in der Handschrift wurde durch Kursive wiedergegeben; Unterstreichungen in der Transkription bezeichnen Textstellen, die in der Handschrift unterstrichen sind.

Wie in der HKA bedeutet (× ×) eine Streichung, (+ +) einen Zusatz, (×+ +×) die Streichung eines Zusatzes. Eckige gerade Klammern [ ] bezeichnen editorische Verbesserungen, wie z. B. in Nr. 57 der *Reserve* das Wort „sonntä[g]ig“: Nestroys „sonntätig“ ist vermutlich kein von ihm in dieser Form beabsichtigtes Wortspiel (er hätte wohl „sonnthätig“ mit -th- geschrieben) und wurde als Schreibfehler im Text verbessert; die Klammern machen auf den editorischen Eingriff aufmerksam. Eckige schräge Klammern *[ ]* bezeichnen Zusätze des Herausgebers, die nicht als Teil des Textes zu lesen sind, geschweifte Klammern { } bezeichnen Stellen, die in den Handschriften nicht eindeutig lesbar sind.

RESERVE

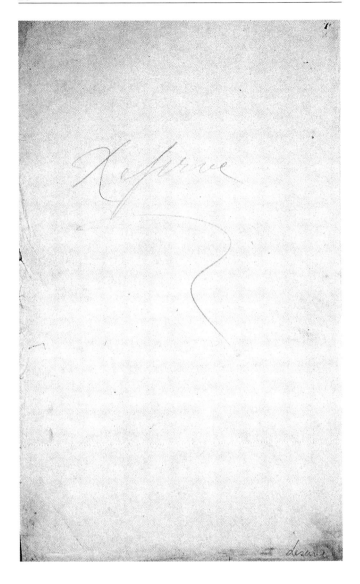

Reserve

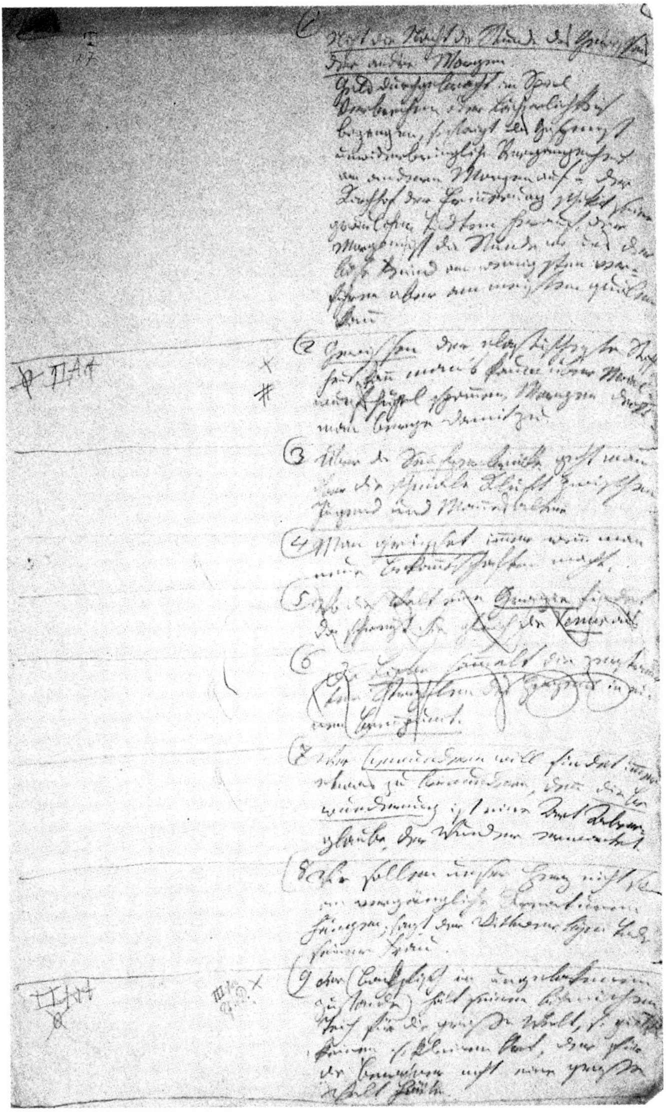

		1	Nicht die Nacht die Stunde des Gewissens, der and're Morgen. Geld durchgebracht im Spiel[,] Verbrechen oder Lächerlichkeit begangen, so steigt das Gespenst unwiderbringliche Vergangenheit am andern Morgen auf – der Kirchhof der Erinnerung schikt seine gräulichen Todten herauf, der Morgen ist die Stunde wo uns der böse Feind am wenigsten verführen aber am meisten quälen kann.
⊗ II *Act*	✕ #	2	Gewissen der elastischeste Stoff, heut' kann man's kaum über Maulwurfshügel spannen, Morgen deckt man Berge damit zu
		3	Über die Seufzerbrücke geht man über die schmale Kluft zwischen Jugend und Mannesalter
	Q	4	Man grinset immer wenn man neue Bekanntschaften macht.
		5	(× Wo die Welt eine Grazie findet da schreyt sie gleich die *Venus* aus ×)
	Q	6	(× Die Liebe sammelt die zerstreuten Strahlen des Herzens in einen Brennpunct. ×)
	Q	7	Wer bewundern will findet immer etwas zu bewundern, denn die Bewunderung ist eine Art Aberglaube, der Wunder erwartet.
		8	Wir sollen unser Herz nicht so an vergängliche Kreaturen hängen; sagt der Wittwer beym Tode seiner Frau.
II *Act* ⊗	III *Act* ✕ *Pf* {u.} *P.*	9	Der (Backfisch im ungebakenen Zustande) hält seinen böhmischen Teich für die große Welt, so giebt's keinen so kleinen Ort, der für die Bewohner nicht eine große Welt hätte.

J III *A* #	10 (× Zur Liebe geboren, zur Gleich- giltigkeit verdammt ×)
III *Act* # *G.* zu *J.*	11 Lange Abwesenheiten löschen falsche Lichter aus. die Lampen sind erstor- ben im Bankettsaal von gestern, aber nach Jahrtausenden werden die Sterne glänzen.
#	12 (× Täuschung ist die feine aber star- ke Kette, die durch alle Glieder der Gesellschaft sich zieht; betrügen oder betrogen werden das ist die Wahl, (und wer glaubt es giebt ein Drittes der betrügt sich selbst) ×)
#	13 Jugend ist die Zeit des Lebens- genusses, die Triumphe des Mannesal- ters und der Reichthum vorgerükter Jahre bi[e]then keinen Ersatz für eine in genußloser Anstrengung vergeudete Jugend.
	14. Zartheit ist das Wesentlichste an der Stärke des Weibes
	15. Wenn man sich einbildet edlere Wünsche und höhere Zweke zu haben als Andere, das heißt das (× W ×) wache Leben an krankhafte Träume setzen.
×	16. (× Den Räuber der mir mein Geld nimmt kann ich als Nothwehr nider- schießen, wer mir nie zu ersetzende Schätze entreißt, den muß ich freyausgehen lassen. Gräßliche Inkonsequenzen einer falschen Sittenlehre, die das Geschöpf von Fleisch und Blut nie un- terschreiben kann. ×)
(× *[2 Wör-* 1 *Mlg* # *ter gestrichen]* ×)	17. Als nomadischer Geist, das Universum durchstreifen, wie der Araber die Wüste
Chj 1 *Mlg* # IV *Act* *[quer geschrieben]*	18. Ich habe auch meine Stunden der Empörung, aber ich verstecke sie, weil ohnmächtige Empörung lächerlich ist. Da ich nicht stolz seyn konnte bin ich demüthig geworden, um

T
29

[illegible]

19 [illegible]

20 [illegible]

21 [illegible]

22 [illegible]

23 [illegible]

24 [illegible]

25 [illegible]

26 [illegible]

mir die Schaam zu ersparen
erniedrigt zu werden

---

19 Es giebt gute Geschöpfe, bey denen selbst die Wünsche den Stämpel ärmlicher Einbildungskraft tragen. Einen Prinzen können sie sich träumen, der sie mit Gold Equipag[1] und Dienerschaft überschüttet, können sie sich träumen, aber nie einen Engel der ihnen die Hälfte seines Sternes anbiethet; ihre Träume können sich bis zum Feenmährchen, doch nie bis zum Gedicht erheben.

(× *Ch* ×) ✕ 20. Es giebt eine Menschengattung die sich's zur einzigen Beschäftigung gemacht zu haben scheint, denjenigen den Wagentritt herunterzulassen, die in das Fuhrwerk des Glückes steigen.

Ch ✕ 21. Zweifel der Eremitische Wurm, der sich in unserm Innern nährt, und seine (+ beengenden +) Ringe schlingt um unser Herz.

---

22. Seine Zärtlichkeit ist eine anständige Melancholie, seine Ruhe schmeckt nach Resignation.

---

23. (× Die Morgenröthe zur Feuersbrunst geadelt. ×)

✕ 24. (× Großmuth, für ein kleines Vermögen kostspielige Tugend, ist die Verschwendung der Gutherzigen ×)

{*Ml* 1} # # ⊠ 25. Man redet gegen die Lotterie, ohne zu bedenken, daß sie die einzige Spe*culation* der Armen ist. Die Lotterie verbiethen, heißt dem das Reich der Träume verwehren, dem die Wirklichkeit ohnehin nichts gebothen.

✕ {*Ptr*} III *Act* 26. (× Die Mehrzahl der Menschen ist so,:

---

1 *Equipag*: ‚Equipage', (frz.) ‚elegante Kutsche'.

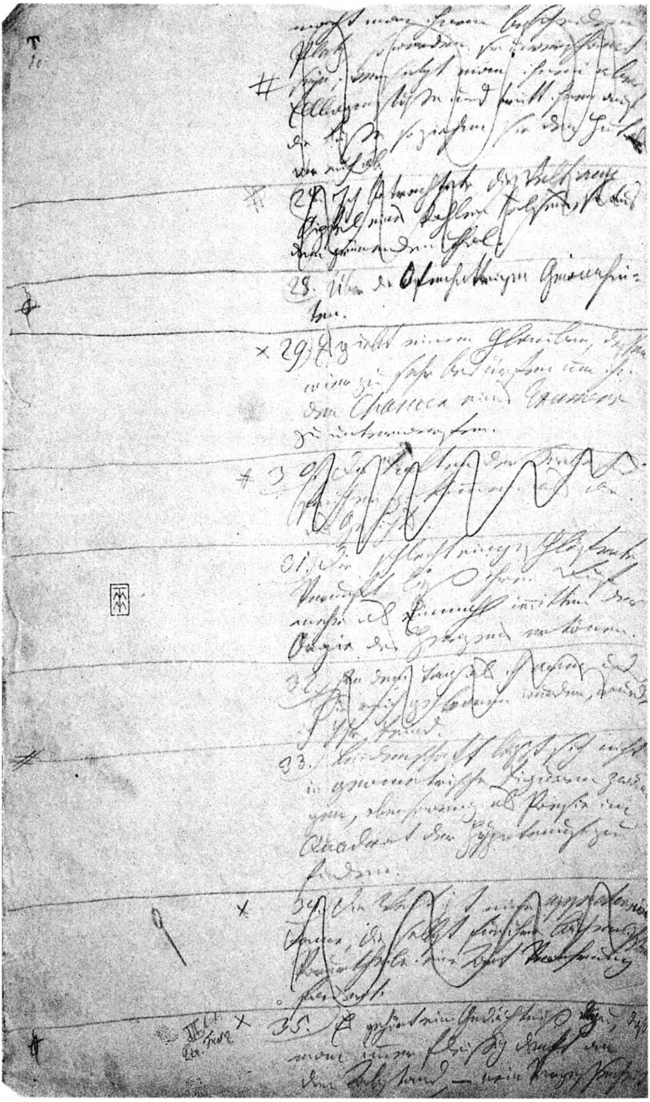

macht man ihnen bescheiden
Platz, so werden sie unverschämt
\# seyn; versetzt man ihnen aber
Ellbogenstöße und tritt ihnen auf
die Füße, so ziehen sie den Hut (× ab. ×)
vor euch ab. ×)

\# 27. (× Ich betrachtete die Welt vom
Gipfel eines kahlen Felsens, so aus
dem grünenden Thal. ×)

⊠ 28. Über die (× o ×)(+ O +)fenhokrigen Gewo[h]nheiten.

✕ 29. Es giebt einen Glauben, dessen
wier zu sehr bedürfen um ihn
den *Chancen* eines *Examens*
zu unterwerfen.

\# 30. (× Die Falten der Seele sind
früher gekommen als die
des Gesichts. ×)

31. Die schlecht eingeschläferte
Vernunft, ließ ihren Ruf
mehr als (× e ×)(+ E +)inmahl immitten der
Orgie des Herzens ertönen.

32. (× An dem Tag als ich arm und
Sie reich geboren wurden, wurde
ich Ihr Feind. ×)

\# 33. Leidenschaft läßt sich nicht
in geometrische Figuren zwängen, ebensowenig als Poesie im
Quadrat der Hypotenuse zu
finden.

Q ✕ 34. (× Die Welt ist eine *apprehensive*[2]
Dame, die selbst für ihre lächerlichsten
Vorurtheile eine Art Verehrung
fordert. ×)

⊠ III *Act* ✕ 35. Es gehört ein Gedächtniß dazu, daß
Ptr. Franz man immer fleißig denkt an
den Abstand, – eine Vergessenheit

2 *apprehensive*: frz., ‚furchtsame, empfindliche‘.

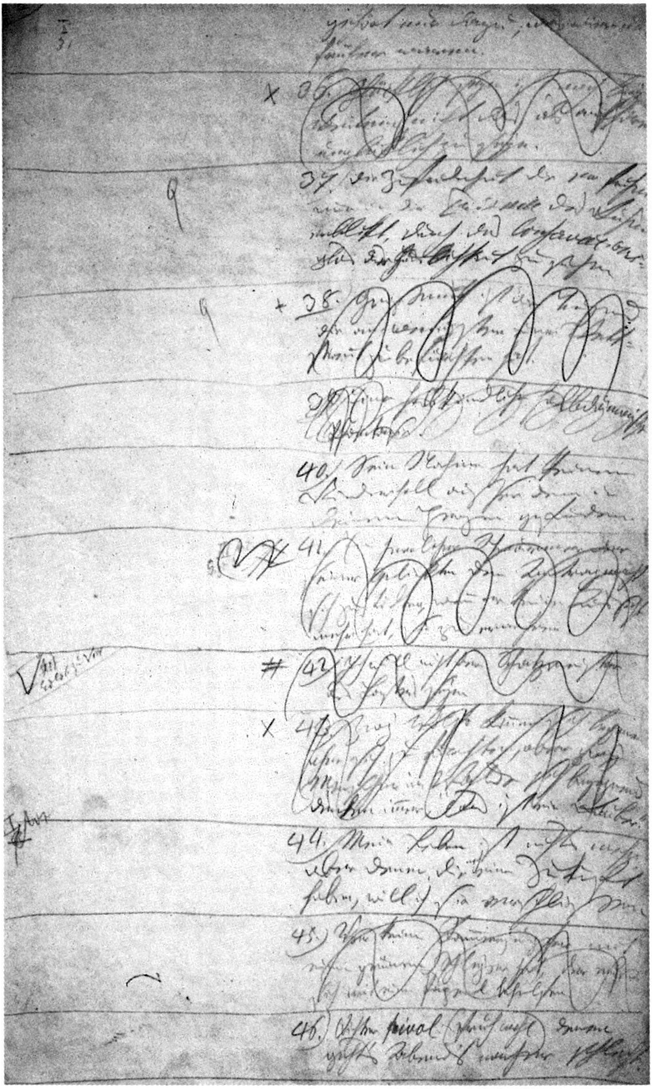

		gehört nur dazu, was wier uns früher waren.
X	36.	(× Glücklich seyn ist auch bey Weitem nicht das, als aufhören unglüklich zu seyn. ×)
Q	37.	die Zufriedenheit die er früher nur in {de[m]} *Prisma* des Ruhens erblikt, durch das *Conservations-*glas der Häuslichkeit zu suchen
Q X	38.	(× Großmuth ist die Tugend die am wenigsten einen Wett-streit zu befürchten hat. ×)
	39.	(× Eine halbkindliche halbdämonische Phantasie. ×)
	40.	Sein Nahme hat keinen Wiederhall ausser dem in deinem Herzen gefunden.
(× III *Act* # ×) (× *G* zu {*J*}. ×)	41.	(× Ein herrlicher Schwärmer der seiner Geliebten den Antrag macht sich zu tödten, wenn er keine Aussicht mehr hat, sie zu ernähren ×)
V *Act* # {*Edlst*}zu *Vict*	42	(× Ich will nicht der Schatzmeister des Lasters seyn ×)
X	43.	(× Zwey Wölfe können sich bege[g]nen ohne sich zu fürchten, aber zwey Menschen im Walde sich begegnend denken immer, „Das ist ein Räuber“. ×)
II *Act* ⊗	44.	Mein Leben ist nichts mehr[,] aber denen, die (+ noch +) eine Zukunft haben, will ich sie verschließen.
	45.	(× Wer keine Kammerjungfer mit eine[m] grünen Schleyer hat, der muß sich mit eine[m] Paperl behelfen. ×)
	46.	Dichter *frivol* (früh wohl) denen geht's Abend's nacher schlecht.

47

48.

49

50

51.

52.

53.

54.

55.

56

57.

58.

59

60

⊠	🔍	47.	(× Wohlgeboren is das dümmste Wort, denn jeder Sterbliche is Wehgeboren ×)
	III *Act* *Pf*{.} *Pet*	48.	(× Dencken und bedenken ×)
	🔍 #	49	<u>*Ld.* Str</u> (× Über das Alter, wie man es ehrt, keine Bedin- stung, Bedauern, Spital, und Vorwürfe warum hat er seine Zeit nicht benutzt. ×)
✎	🔍 #	50	Man glaubt nicht was jeder Mensch glaubt, was er für ein Mensch is
II		51.	(× Ich habe das Herz *mio caro*,[3] und werde den Pik, den Sie auf mich haben mit Treff erwidern ×)
		52.	(× Rede, wie albern der Grundsatz über die Unbeständigkeit des Glückes, es giebt gar nix Beständigeres. ×)
⊠	*Rf* #	53.	<u>*Rf*</u> Wenn man wüßt was sich der dabey denckt <u>*Rf*</u> Es is nicht der Müh werth
	🔍	54.	(× Aberglaubologie ×)
		55.	(× Über ein altes Weib geht nix, als ein Mann, der ein alt's Weib is. ×)
	R #	56	*Rfr.* Es geht nix zusamm.
		57.	Neugierde in den Kneippen der Vorstädte die weindünstigen Freuden des sonntä[g]ig angezoge- nen Handwerkers zu überrumpeln.
⊠	🔍 # IV *Act* {*G*}. zu *Nny* *[quer geschrieben]*	58.	In einem liebenden Herzen ge- winnt man einen (+ fruchtbaren +) dankbaren Boden, wo man mehr Glück (× ärndtet ×) erndtet, als man Hoffnungen hi- neingesät
	🔍	59.	(× Mit Goldglanz füttert er seine hungrigen Augen. ×)
⊠	🔍	60	Die Erfahrung ist nur die Frucht begangener Irrthümer, drum muß man sich etwas verirren

3 *mio caro*: ital., ‚mein Lieber'.

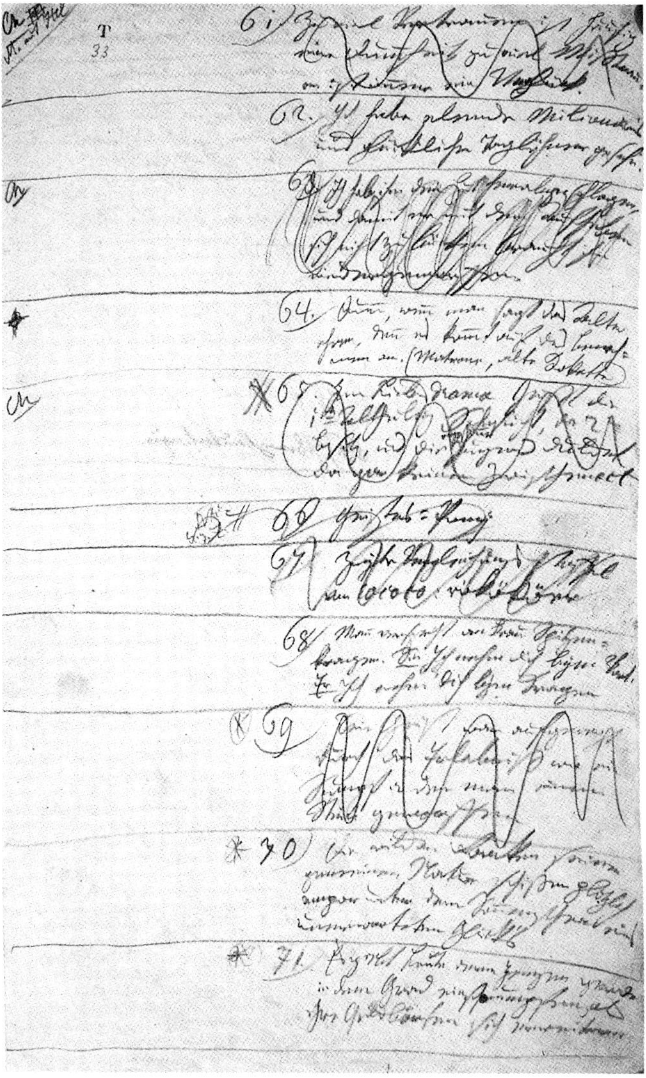

Ch (× III ×) *M.* mit *Hel*	61. (× Zu viel Vertrauen ist häufig eine Dummheit, zu viel Mißtrau- en ist immer ein Unglück. ×)
	62. Ich habe elende Milionär's und glückliche Taglöhner geseh'n.
Ch	63. (× Ich hab ihm den Hut herabgeschla- gen, und damit er mit dem Aufheben sich nicht zu bücken braucht ihn niedergeworffen. ×)
⊠	64. Dumm, wenn man sagt das Alter ehren, denn es kommt auf das Beneh- men an. (Matrone, alte Kokette)
Ch #	65. (× Im Liebes*drama* heißt die 1ste Abtheilung Sehnsucht, die 2te Besitz, und die (+ ungestümme +) Jugend duldet da gar keinen Zwischen*act*. ×)
(× IV *Act* # ×) (× *G.* zu {*Z*}. ×)	66 (× Geistes-Pony ×)
	67. (× Zweyte Vergleichungsstaffel von *rococo*: rökököer ×)
	68 Mann verspricht an Frau Spitzen- kragen. Sie Ich nehme dich beym Wort. Er Ich nehm' dich beym Kragen
⊛	69 (× Sein Geist war aufgeregt durch das Erlebniß wie ein Sumpf in den man einen Stein geworffen ×)
⊛	70 Die wilden Ranken seiner gemeinen Natur schißen plötzlich empor unter dem Sonnenschein eines unerwarteten Glück's
⊛	71. Es giebt Leute deren Herzen gerade in dem Grad einschrumpfen, als ihre Geldbörsen sich erweitern

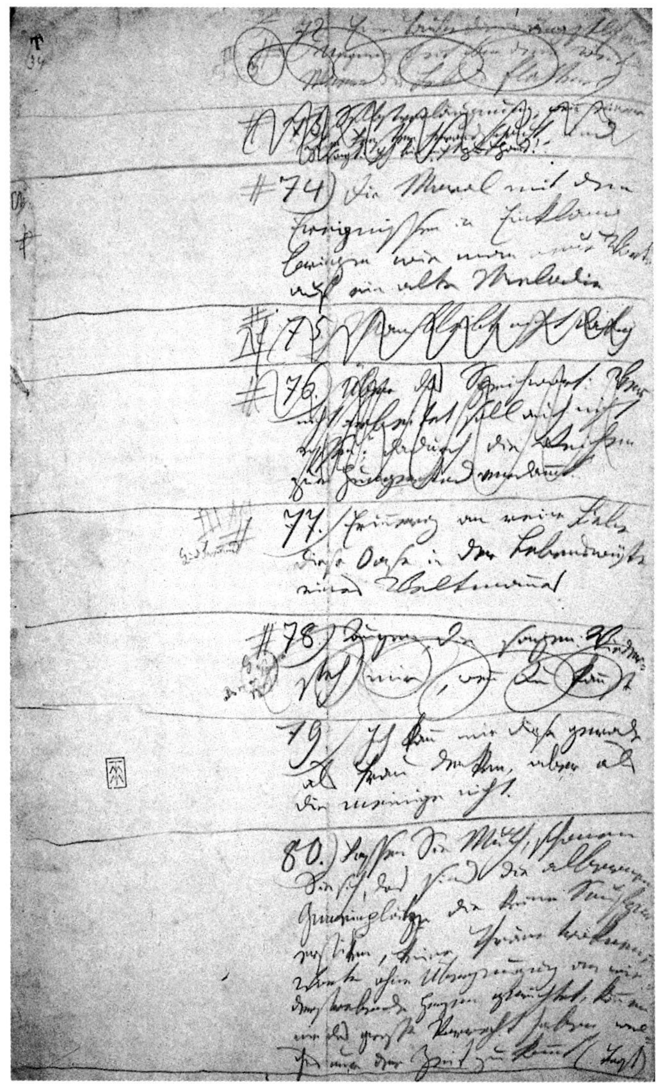

(× {#} ×) (× III # ×) (× {*G*}. zu {*J*}. ×)	72	(× Eine Taube die in ängstlicher Ungewißheit über dem weiten Meere des Lebens flattert ×)
(× # ×)	73	(× Selbstverläugnung, wenn einer zum Fenster herausschaut, und sagt: Ich bin nicht zu Haus! ×)
Ch ⊠ #	74	Die Moral mit den Ereignissen in Einklang bringen wie man neue Worte auf ein[e] alte Melodie
# *Rf*	75.	(× Man bleibt nicht dabey ×)
(× # ×)	76.	(× Über das Sprichwort: [„]Wer nicht arbeitet soll auch nicht essen“; dadurch die Reichen zum Hungertod verdammt. ×)
III *Act* # *G*. und Freund	77.	Erinnerung an reine Liebe diese Oase in der Lebenswüste eines Weltmannes
# (× {*G*}. als er von {*Pauline*} spricht ×)	78.	(× Augen, die sagen: Wieder- steh mir, wenn Du kannst ×)
	79.	Ich kann mir diese gerade als Frau denken, aber als die meinige nicht.
	80.	Fassen Sie Muth, schonen Sie sich, das sind die albernen Gemeinplätze die keine[n] Seufzer erstiken, keine Thräne troknen, - Worte ohne Überzeugung an wie- derstrebende Herzen gerichtet, können nie das große Vorrecht haben, wel- ches nur der <u>Zeit</u> zukommt (Trost)

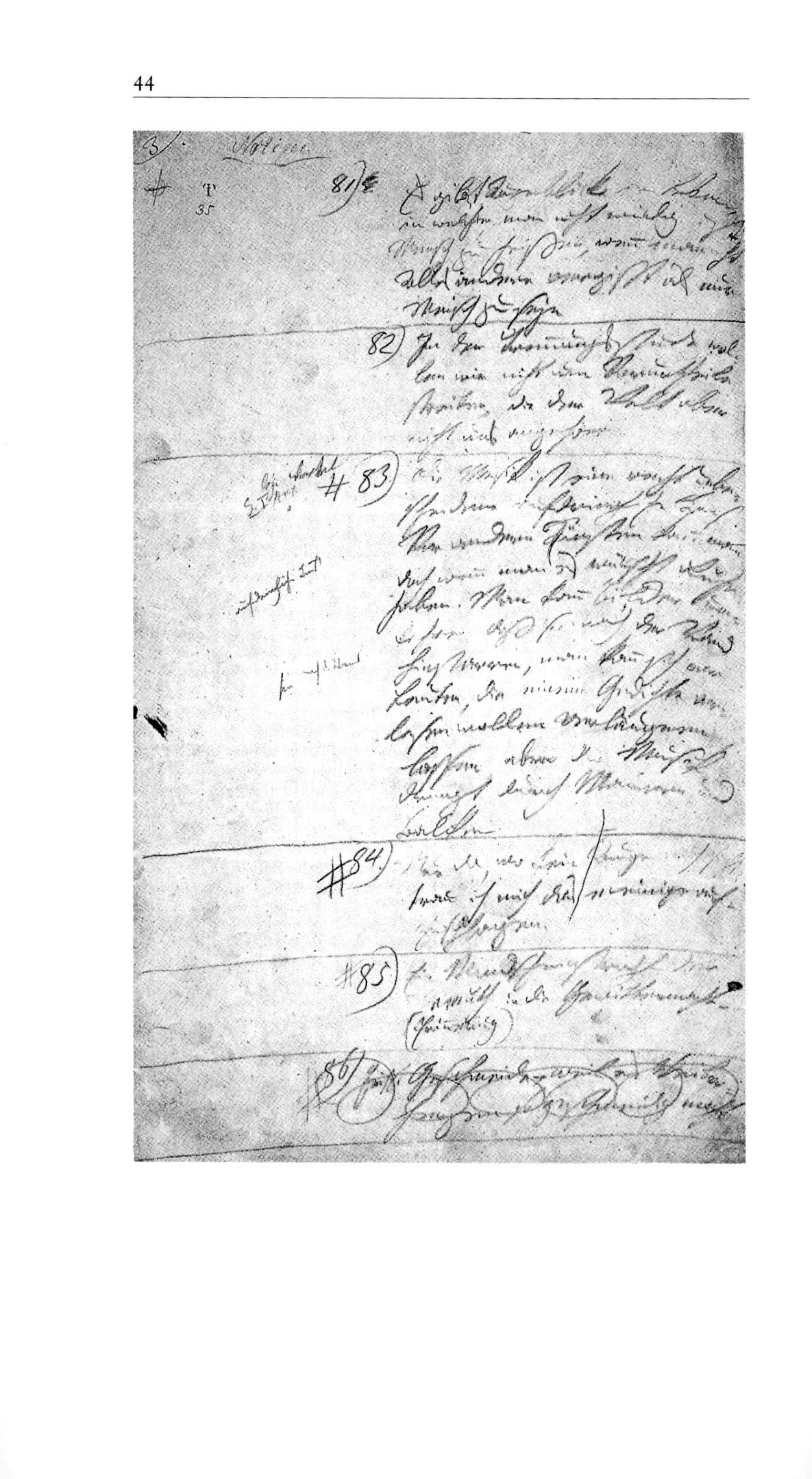

3) Notizen

T
35

81)

82)

#83

#84

#85

86)

Notizen

⊠	81	Es gibt Augenblicke im Leben, in welchen man nicht würdig ist Mensch zu heißen, wenn man nicht Alles andere vergißt als nur Mensch zu seyn
	82	In der Trennungsstunde wollen wir nicht um Vorurtheile streiten, die der Welt aber nicht uns angehören.
{bey[m] Werkel} {G}. I *Act* # aufdringliche Kunst nach der Wand hin	83.	Die Musik ist eine recht unbescheidene aufdringliche Kunst. Vor andern Künsten kann man doch wenn man es wünscht Ruhe haben. Man kann Bilder umkehren daß sie nach der Wand hinstarren, man kann sich vor Leuten, die einem Gedichte vorlesen wollen verläugnen lassen, aber die Musik dringt durch Mauern und Balken
#	84.	Nur da, wo kein Auge mich sieht, trau' ich mich das meinige aufzuschlagen.
#	85	Ein Mondscheinstrahl der We[h]muth in die Gewitternacht – (Erinnerung)
(× # ×)	86.	(× (+ Heißt +) Geschmeide –, weil es Weiberherzen so geschmeidig macht ×)

87.) [illegible]

88.) [illegible]

89) [illegible]

90) [illegible]

91) [illegible]

92) [illegible]

93) [illegible]

II *Act*

⊠		87. In's Himmelsnahmen – zu was der liebe Himmel allen seinen Nahmen hergeben muß!
		88. Nur recht eilen den Willen des Bösen zu erfüllen, bevor noch der alte Gott einen Engel schicken kann.
Ch	{G}. #	89. Hat alle Vorzüge, die ausgenommen, welche das blinde Glück verschenkt.
		90. Alle Morgen habe ich die anmuthige Gestalt mit einer Knospe weniger von den Rosen des Lebens erblickt.
	# *Mlg* 1	91. (× Die Jugend ist nicht so glüklich als man glaubt, die Seele ist in diesen Jahren, allen Schrekbildern der Phantasie, den Schmerzen der Sehnsucht, Reue, (+ Wehmuth +) offen, ohne sich der Kraft der Vernunft zu erfreuen, die Affecte zu lenken. ×)
Ch		92. Uneigennützige Liebe, ist doch nur Egoismus in edlerer Form
		93 Zur ernsten Besserung, wie zum totalen Bösewicht zu schwach wandelt er den breiten Weg zwischen Reue und Verstoktheit

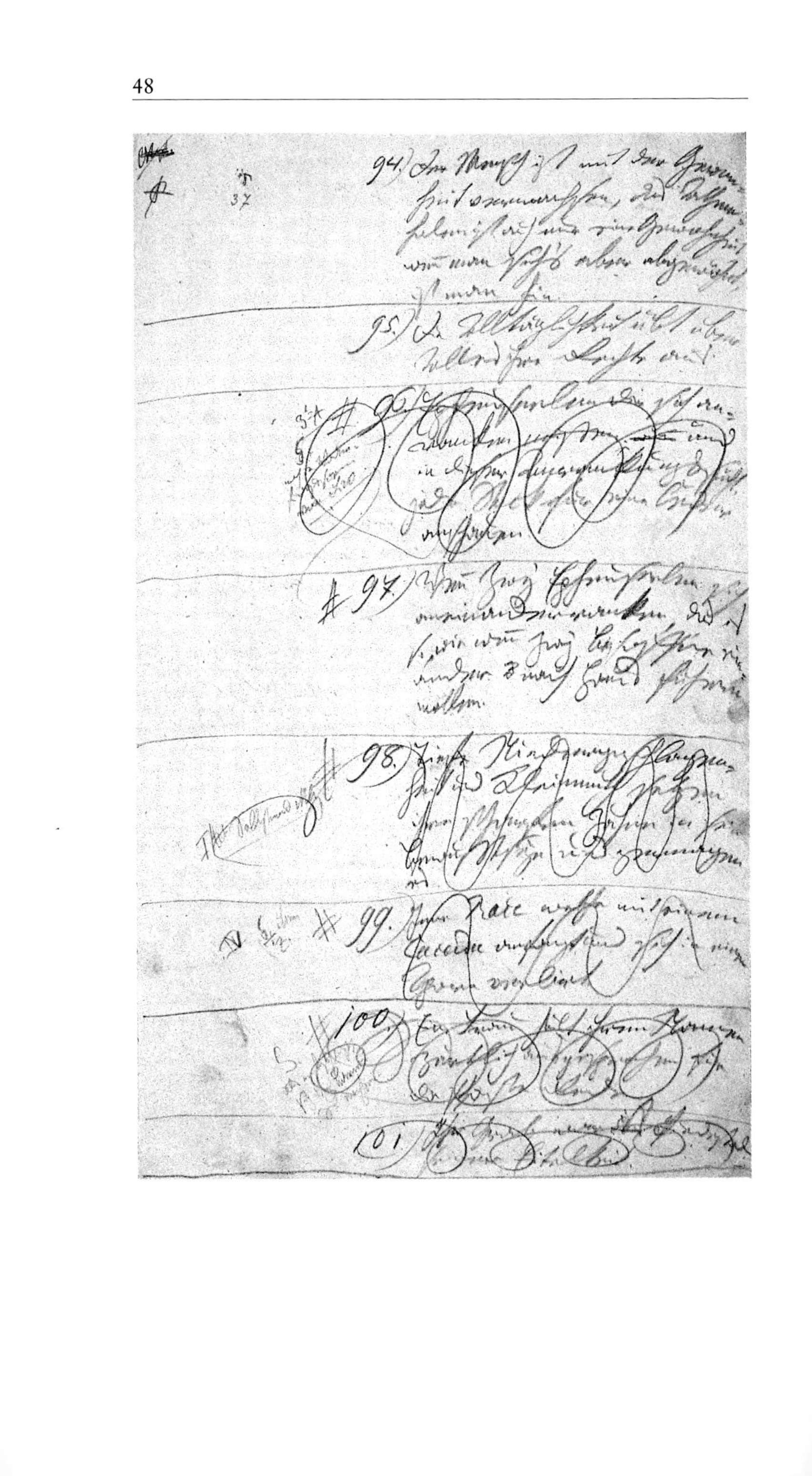

94)

95)

96)

97)

98.

99.

100.

101

(× *Ch* ×) ⊠	94. Der Mensch ist mit der Gewo[h]n- heit verwachsen, das Athem- holen ist auch nur eine Gewohnheit, wenn man sich's aber abgewöhnt, ist man hin.
	95. Die Alltäglichkeit übt über Alles ihre Rechte aus.
(× 3ᵗ *A* # ×) (× *G*. nach der {Wieder- findungsscene} vor *Lied* ×)	96. (× Epheuseelen die sich an- ranken müßen, (× {wenn} ×) und in dieser Anrankungssucht, jeden Stock für eine Ceder anschauen ×)
#	97. Wenn Zwey Epheuseelen sich aneinanderranken, das is so, wie wenn zwey Besoff'ne ein- ander (× *[ein Buchstabe gestrichen]* ×) nach Haus führen wollen.
(× # ×) (× I *Act* Selbstmord *Mlg* ×)	98. (× Tiefe Niedergeschlagen- heit und Kleinmuth setzen ihre scharfen Zähne in sein Bewußtseyn und zernagen es. ×)
IV *G*. über # *Z*.	99. (× Jene *Race* welche mit einem *Cacadu*[4] anfangt und sich in einem Sporn verliert. ×)
# (× {*G*}. als er beschließt sich der Baroninn zu nahen ×)	100. (× Eine Frau hält ihren Namen zärtlich ausgesprochen für die schönste Rede ×)
	101 (× Ihr Grab war (× das ×) *[das statt war versehentlich gestrichen]* (+ ist +) Piede- stal seiner Eitelkeit. ×)

4 *Cacadu*: ‚Haarschopf'.

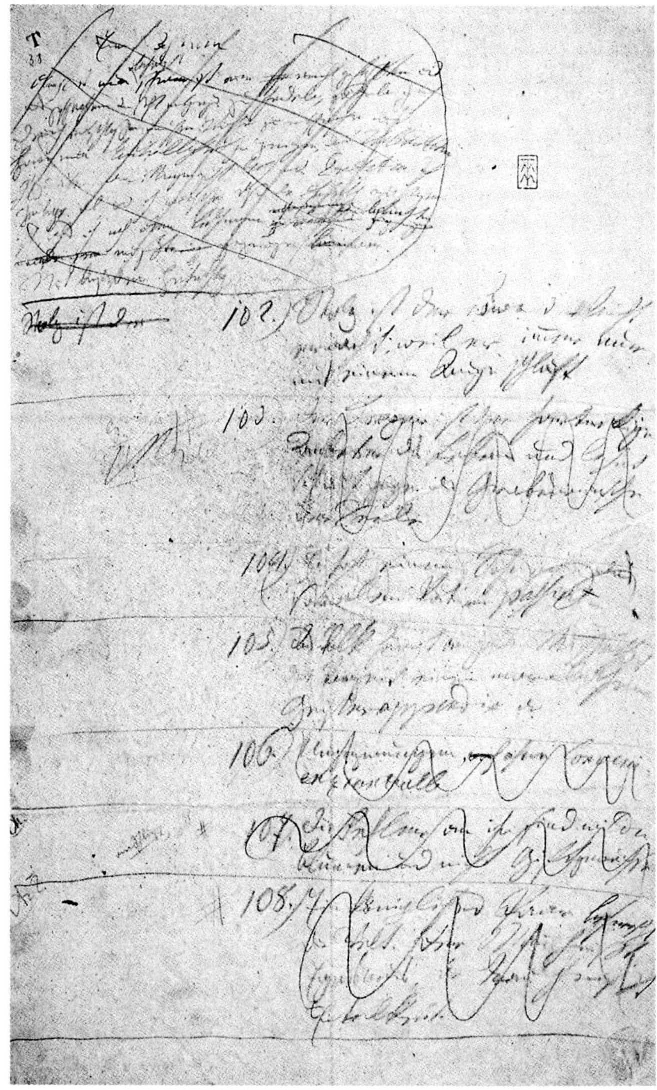

[Briefentwurf, gestrichen][5]

(× Stolz ist der ×)	102.	Stolz ist der Löwe der leicht erwacht, weil er immer nur mit einem Auge schläft
{*G*}. # (× {Selbstmord*mlg*} ×)	103.	(× Der Körper ist der hartnekige Anbeter des Lebens und lehnt sich auf gegen die Grabeswünsche der Seele ×)
	104.	(× Er hat einen Sohn, wie das so vielen Vätern *passiert* ×)
	105.	Das Volk hängt an jede Missethat der Vorzeit einen moralischen Geister*appendix* an
	106.	(× Ungezwungen, (× {onh} ×) ohne *Conveni-enzcontrolle* ×)
Ch. {am Schluß} #	107.	(× Die Fehler an ihr sind wilde Blumen und nicht Giftgewächse ×)
{*Ch* 2} #	108.	(× Ein königliches Paar beherrscht die Welt. Der Mann heißt Egoismus, die Frau heißt Eitelkeit. ×)

5 Siehe S. 12, Anm. 15.

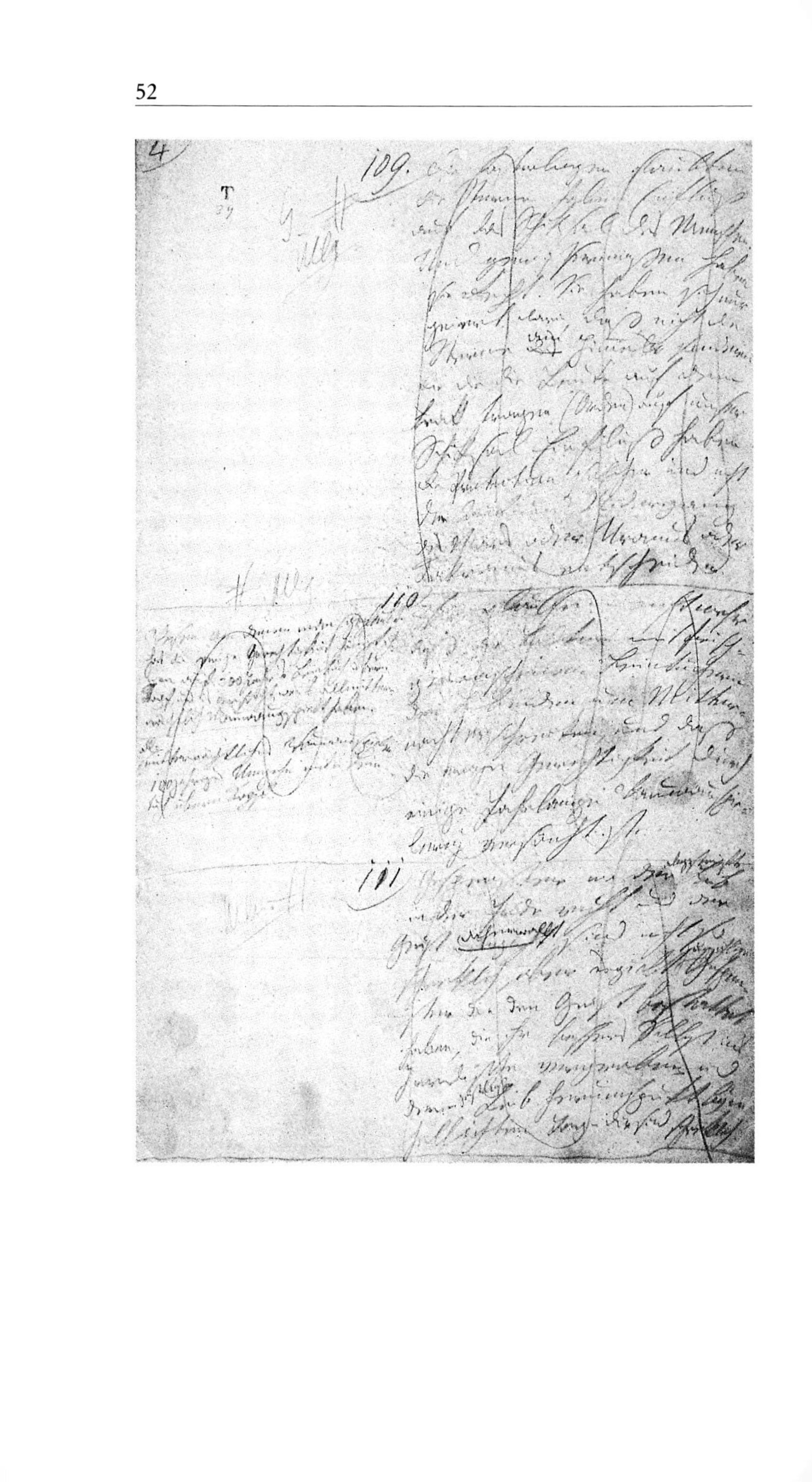

4

T

109.

110

111

G. # <u>Mlg</u>

109. (× Die Astrologen glaubten[,]
die Sterne haben Einfluß
auf das Schiksal des Menschen.
Und gewissermaßen haben
sie Recht. Sie haben sich nur
geirrt darin, daß nicht die
Sterne (× des ×) (+ am +) Him-
mel(× s ×) sondern
die die die Leute auf dem
Frak tragen (Orden) auf unser
Schiksal Einfluß haben[.]
Die Protection solcher und nicht
der Auf- und Niedergang
des Mars oder Uranus oder
Kakranus[6] entscheiden ×)

Mlg
(× Wesen von denen
man geglaubt
hat die ewige Gerechtig-
keit hängt ih-
nen auf 300 Jahr 's Lein-
tuch übern
Kopf, und is versöhnt,
wenn's allmitter-
nächtlich Wauwaug'spielt
haben. ×)

110 (× Wir glauben nicht mehr
daß die Todten mit frisch-
gewaschenen Leintüchern
den Lebenden um Mitter-
nacht erschrecken, und daß
die ewige Gerechtigkeit, durch
einige Jahrlange Wauwauspie-
lerey versöhnt ist. ×)

(× (+ all +)mitternächtli-
ches Wauwauspielen
100jähriges Umgehn mit'n Lein-
tuch über'n Kopf. ×)

<u>Mlg</u>

111 (× Gespenster wo der (+ abgestreifte +) Leib
in der Erde ruht und der
Geist (× {umzieht} ×) (+ daherwallt ×)
sind nicht so
schreklich, aber es giebt (+ unzählige +)
Gespen-
ster die den Geist bestattet
haben, die ihr besseres Selbst in's
Irrdische vergraben, und
deren (+ geistloser +) Leib herumspukt beym
hellichten Tag – die sind schreklich. ×)

---

6 *Kakranus*: scherzhafte Prägung Nestroys, Zusammensetzung von Uranus und Kagran (Dorf im Marchfeld, östlich von Wien).

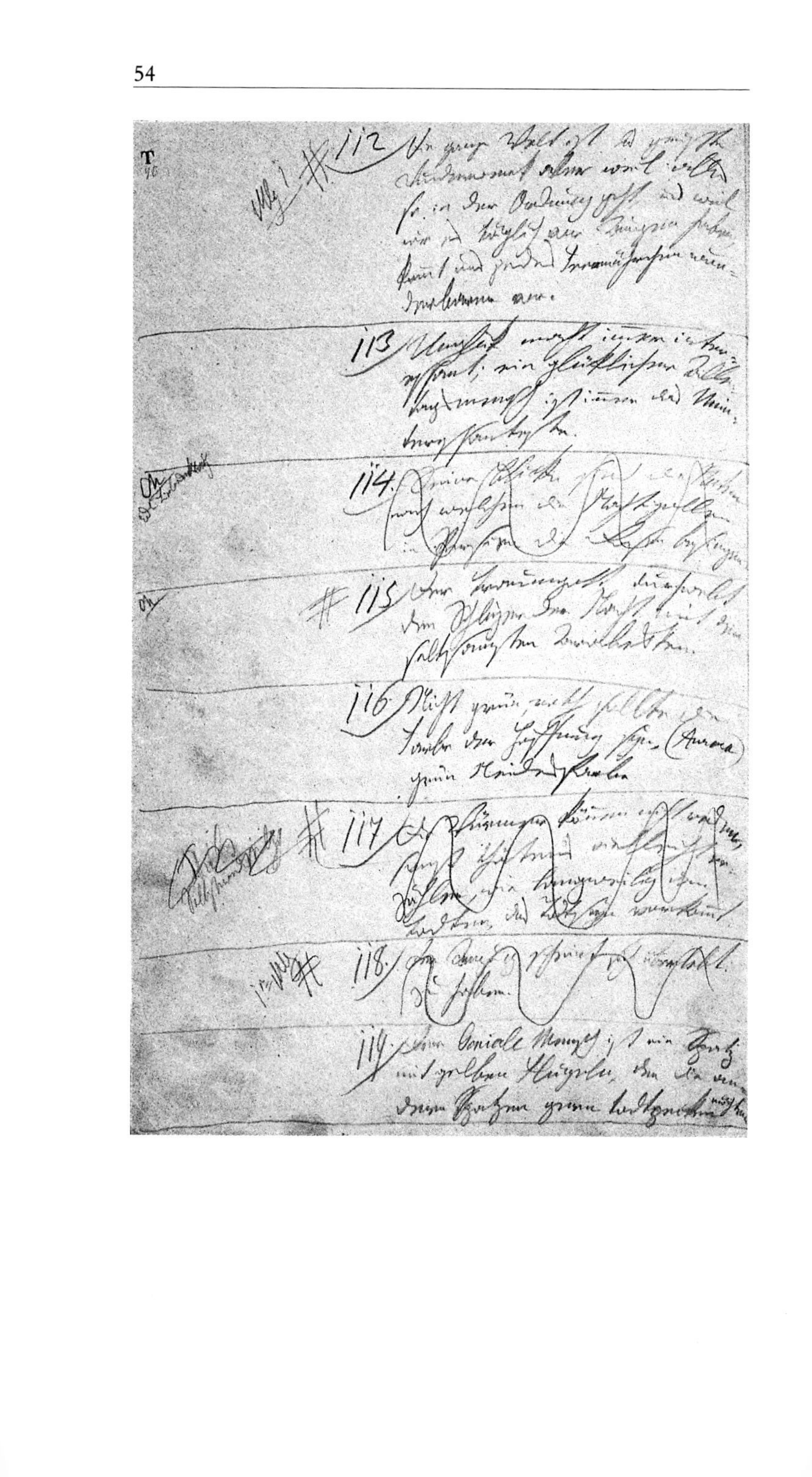

112

113

114

115

116

117

118

119

# *Mlg* 1	112	Die ganze Welt ist das größte Wunderwerk, aber weil alles so in der Ordnung geht, und weil wir es täglich vor Augen haben, kommt uns jedes Feenmährchen wunderbarer vor.
	113	Unglük macht immer interessant; ein glüklicher Alletagsmensch ist immer das Uninteressanteste.
Ch *Edl* Liebeserklär[un]g	114.	(× Seine Blicke sind die Noten nach welchen die Nachtigallen in Persien die Rosen besingen. ×)
Ch **#**	115	Der Traumgott durchwebt den Schleyer der Nacht mit den seltsamsten Arabesken.
	116	Nicht grün, roth sollte die Farbe der Hoffnung seyn, (*Aurora*)[7] grün Neidesfarbe
(× {I *Act G*} (× **#** ×) Selbstmord*Mlg* ×)	117	(× Die Würmer können nicht reden, sonst thäten's vielleicht erzählen, wie langweilig den Todten, das Todtseyn vorkommt ×)
1ster *Mlg* **#**	118.	(× Der Anzug scheint sich überlebt zu haben. ×)
	119.	Der *Geniale* Mensch ist ein Spatz mit gelben Flügeln, den die andern Spatzen gern todtpecken (+ möchten +)

7 *Aurora*: ‚Morgenröte'.

T
41

120.

121

122

123

124.

125

G # *Mlg*	120.	Wenn wir auch nichts Großes {sind}[,] nur was Solides, das ist der *[sic]* die schwankende Selbstberuhigung mit der sich die große Menschen- woge der Ewigkeitsküste ent- gegenwälzt.
Ch	121	(× Sehnsucht ist mein Tagewerk, Reiselust mein Kopfpolster. ×)
#	122	(× Man wirft den Kindern mit Unrecht oft Mangel an dankbarer Anerkennung dessen vor was die Ältern für sie thun, denn sie können das gar nicht früher erkennen, als bis sie selbst Ältern werden. ×)
Ch Abschied *Chj* # *bl* *I Act* (× Selbstmord ×)*Mlg*	123	(× Hoffnung füttert den Ring der Sclavenkette mit Sammt, und schreibt Gnade auf das blanke Henkerschwerdt. (+ {und lispelt Wiederseh'n} im Tren- nungskuß +) {Scheide[n]} ×)
	124.	So wie bey einer Landparthie die Erinnerung[en] wie man sich verirrt hat immer die schönsten sind, so geht's auch beym Leben; sie sind das Salz in der Speise.
Ch I *Mlg* *I Act* # (× Selbstmord *Mlg* ×)	125	Mir war der verlorne Sohn[8] immer verächtlich, aber nicht deßwegen weil er ein Schweinhirt war, sondern weil er wieder nach Haus ge- kommen ist.

8 *der verlorne Sohn*: Anspielung auf Luk. 15.11–32.

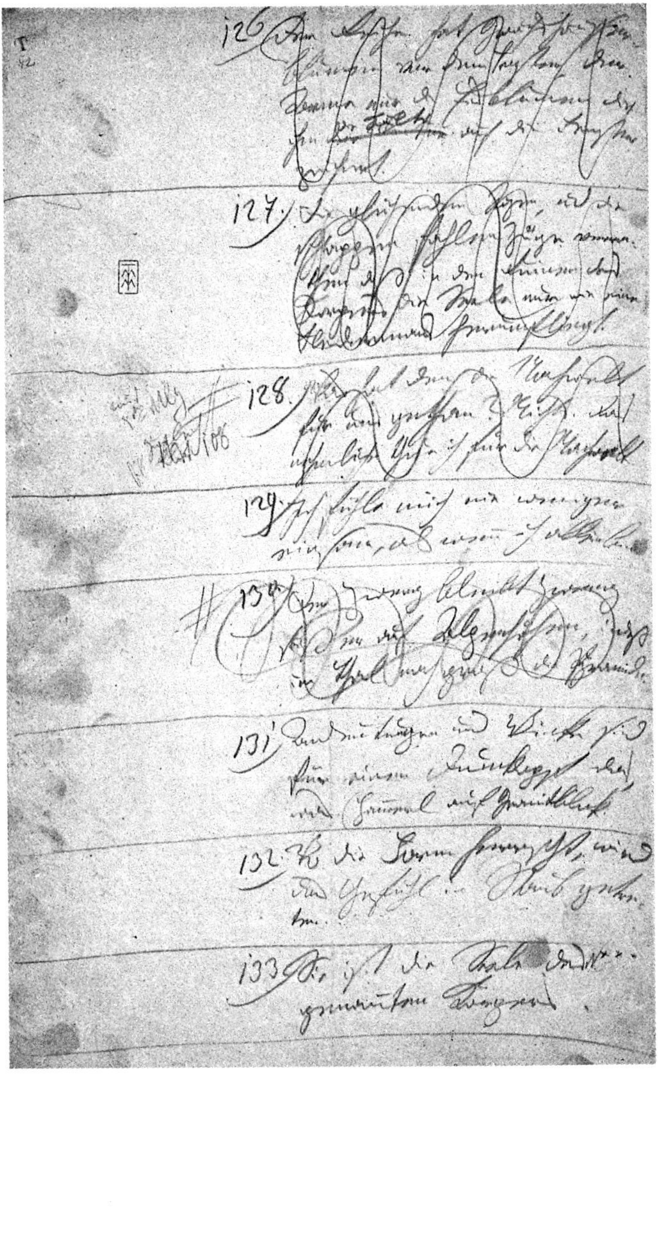

126 (× Der Reiche hat Gwächshäuser-
blumen vor dem Fenster, der
Arme nur die Eisblumen, die
ihm (× der Winter ×) (+ die Kälte +)
auf die Fenster
zeichnet. ×)

127. (× Die glühenden Augen, und die
schlappen fahlen Züge verra-
then daß in den Ruinen des
K[ö]rpers die Seele nur wie eine
Fledermaus herumfliegt. ×)

{mit} 128. (× Was hat den[n] die Nachwelt
{1ster} *Mlg* # für uns gethan? Nichts. Das
zugleich nehmliche thue ich für die Nachwelt ×)
bl (× {mit} ×) 108

129. Ich fühle mich nie weniger
einsam, als wenn ich allein bin.

130. (× Der Zwerg bleibt Zwerg
säß er auf Alpenhöhen, indeß
im Thal noch groß die Pyramide. ×)

131 Andeutungen und Winke sind
für einen Dum[m]kopf das,
was Hammerl[9] auf Granitblok

132 Wo die Form herrscht, wird
das Gefühl in den Staub getre-
ten.

133 Sie ist die Seele des *N****
genannten Körpers.

9 *Hammerl*: kleiner Hammer.

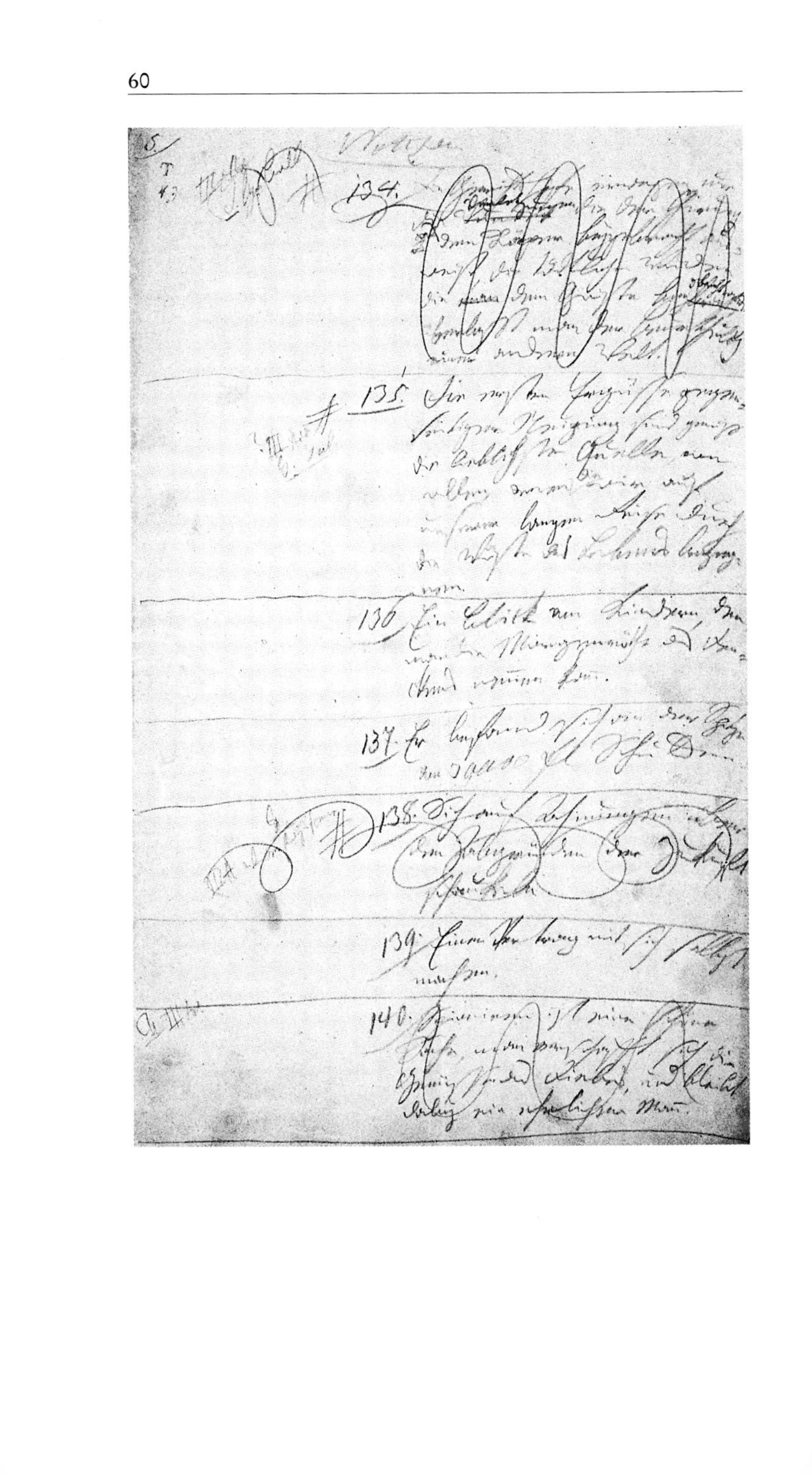

134.

135.

136.

137.

138.

139.

140.

Notizen

(× III Act {G}. beym Ball # ×)	134.	(× Die Gerichtshöfe erwegen nur die (× Wunden ×) (+ Verletzungen +) die der Chirurg (× {de} ×) als dem Körper beygebracht ausweist, die tödtlichen Wunden die (× man ×) dem Geiste bey- (× bringt ×)(+ gebracht werden +) überlaßt man der Beurtheilung einer andern Welt. ×)
# ? III *Act* G. Jul.	135.	Die ersten Ergüsse gegenseitiger Neigung sind gewiß die lieblichste Quelle, von allen, denen (+ die +) wir auf unserer langen Reise durch die Wüste des Lebens begegnen.
	136	Ein Blick von Kindern, den man die Morgenröthe des Denckens nennen kann.
	137.	Er befand sich an der Spitze von 30,000 *fl* Schulden
G. (× III *A* Wiederfindungsscene # ×)	138.	(× Sich auf Ahnungen über den Abgründen der Zukunft schaukeln. ×)
	139.	Einen Vertrag mit sich selbst machen.
Ch III *Act*	140.	(× Spioniren ist eine schöne Sache, man verschafft sich die Genüsse des Diebes, und bleibt dabey ein ehrlicher Mann. ×)

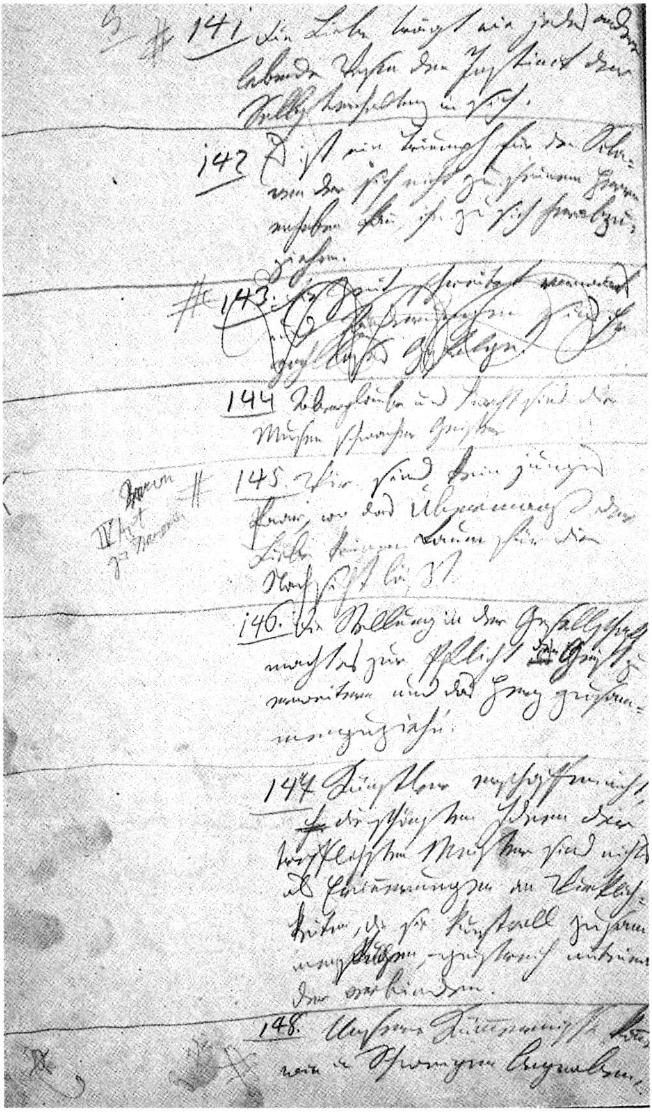

{<u>G</u>}	# 141	Die Liebe trägt wie jedes andere lebende Wesen den Instinct der Selbsterhaltung in sich.
	142	Es ist ein Triumph für den Scla- ven der sich nicht zu seinem Herrn erheben kann, ihn zu sich herabzu- ziehen.
	# 143.	(× Die Zeit schreitet vorwärts und Änderungen sind ihr zahlloses Gefolge. ×)
	144	Aberglaube und Furcht sind die Musen schwacher Geister
⊠ *Baron* IV *Act* zu *Baronin*	# 145.	Wir sind kein junges Paar, wo das Übermaaß der Liebe keinen Raum für die Nachsicht läßt.
	146.	Die Stellung in der Gesellschaft macht es zur Pflicht (× das H ×) (+ den Geist +) zu erweitern und das Herz zusam- menzuzieh'n.
	147	Künstler erschaffen nicht, (× {ihr} ×) die schönsten Ideen der trefflichsten Meister sind nichts als Erinnerungen an Wirklich- keiten, die sie kunstvoll zusam- men(× stell ×)(+ füg +)en, – geistreich miteinan- der verbinden.
G. II *Act* *[quer geschrieben]* ⊠	148. #	Unsere Kümmernisse können wir in Schweigen begraben,

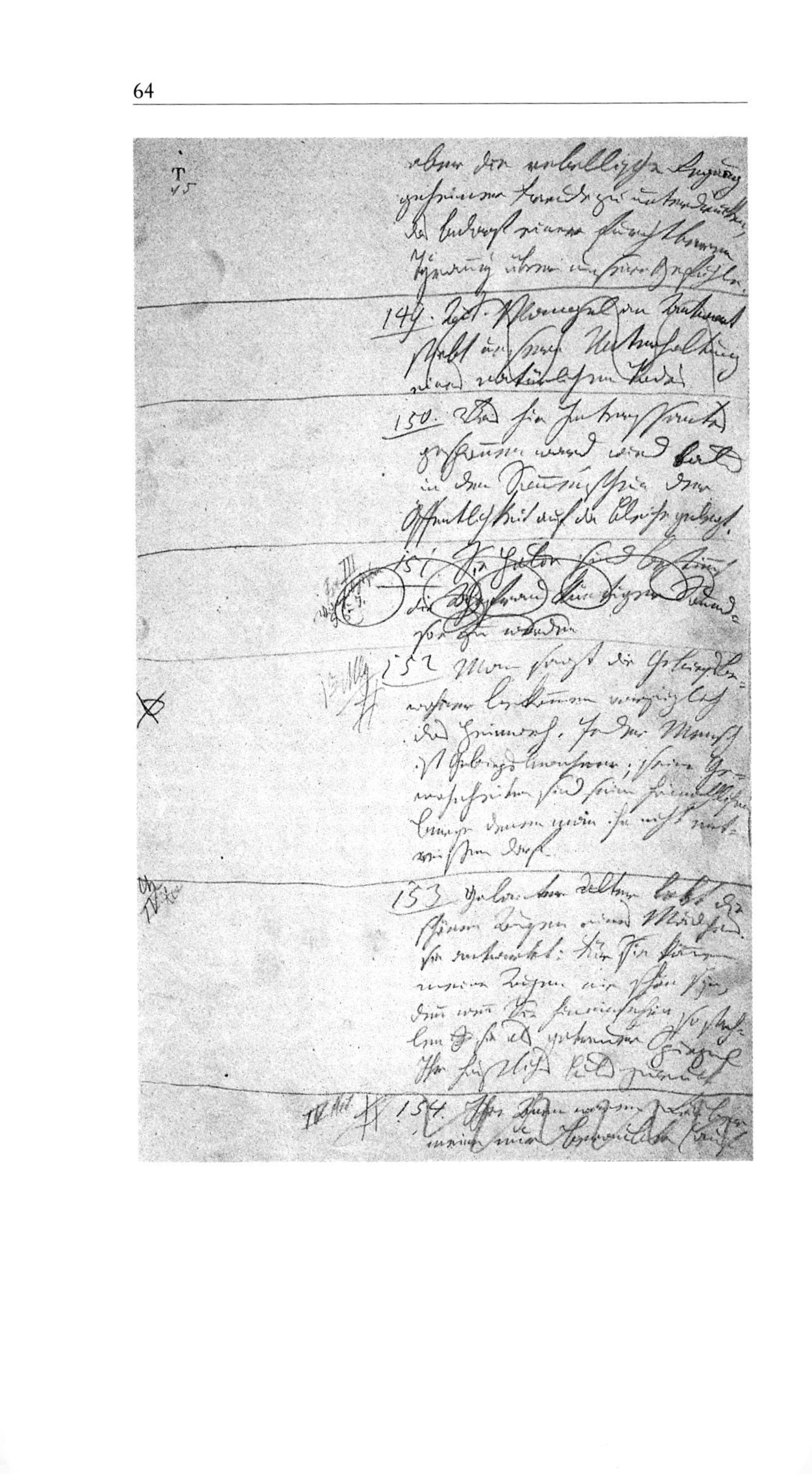

T 45

149.

150.

151.

152.

153.

154.

		aber die rebellische Regung geheimer Freude zu unterdrücken, das bedarf einer furchtbaren Tyranney über unsere Gefühle.
	149.	(× Aus Mangel an Antwort stirbt unsere Unterhaltung eines natürlichen Todes. ×)
	150.	Was hir Interessantes gesponnen ward, wird bald in den Sonnenschein der Öffentlichkeit auf die Bleiche gelegt.
{*Act*} III (× Wiederfindungs- scene *G* zu *J.* ×)	151.	(× Sie *Julie* sind bestimmt die Ahnfrau künftiger Sound- soe zu werden ×)
⊗ 1ster *Mlg* #	152	Man sagt die Gebirgsbe- wohner bekommen vorzüglich das Heimweh. Jeder Mensch ist Gebirgsbewohner; seine Ge- wohnheiten sind seine heimathlichen Berge denen man ihn nicht ent- reißen darf.
Ch IV *Act*	153	Galanter Alter lobt die schönen Augen eines Mädchens. sie antwortet: Für (× s ×)(+ S +)ie kön- nen meine Augen nie schön seyn, denn wenn Sie hineinsehen so strah- len (× S ×) sie als getreuer Spiegel Ihr häßliches Bild zurück
IV *Act* (× # ×)	154	(× Ihre Ahnen waren Räuber meine nur Beraubte (auf

		Ritter die den Handelsleu- ten Zoll abgenommen[)] ×)
III *Act* # (× {*G*} Wiederfindungsscene ×)	155.	(× Sehr gut daß über Wittwen der Schleyer ruht, denn er hat wirklich viel zu decken. ×)
#	166.	(× Es sagt so vieles das gemeine Volck was mit der Gemeinheit gar nichts gemein hat. ×)
(× {*G*} IV *Act* ×) # (× zu *Z* ×)	167.	(× Sie scheinen das Wort Wich- tigkeit von Wicht herzulei- ten und da haben Sie Recht wenn Sie {sich}. ×)
Ch (× # *Pap.* IV *Act* ×)	168	(× Heut' *Jour fix*[10] bey der Schuste- rinn ×)
	169.	Ich bin der Kolumbus einer neuen Methode.
(× # ×)	170.	(× Das Glück is das neue Thor vor dem der Unglückliche als Kuh dasteht. ×)
⊠	171	(Ein Häßlicher klagt über den Verlust seiner Treulosen, und sagt zu seinem Freund) Und wenn Du den Kerl sähest.
	172	Der Mensch hat viel Haar, schade daß er keine Wolle hat, drum schreyt er so viel, denn nur wo wenig Wolle ist, ist viel Geschrey
Ch. {*M*}	173.	Klugheit ist die Tochter des Verstandes (+ (Vater) *[über der Zeile eingefügt]* +) und der Täuschung (+ (Mutter). +)

10 *Jour fix*: gesellschaftliches Treffen an einem ‚bestimmten Tag' (frz. jour fixe).

174

175

176

177

178

179

Ch Mlg	174 (× Es giebt Dinge, wo die einfache Zahl mehr als die vielfache ist. Tugend, Recht, Freyheit (mehr werth als Tugenden, Rechte Freyheiten) ×)
	175. Wer zählt die Grab- schriften meiner Hoffnungen?
Ch	176. (× Die Lavaströme des vulkanischen Gemüths waren bereits Erdreich geworden, das entweder mit Reben oder Oliven neuer Hoffnung, oder mit Cypressen der Erinnerung bepflanzt war. ×)
	177. Die große Welt ist intolerant, sie verlangt uniforme (× Gesichter ×) Sitten und duldet keinen *Character*, Selbstständigkeit ist ihr ein Gräul der Anmaßung; so will man auch uniforme *entrée*fähige Gesichter (gleiche Bartform) (+ (sein Gesicht soll sich ja nicht unterfangen einen *Character* zu zeichnen.[)] +)
	178. Der Geist hat dem Herzen das Ehrenwort abgefordert nicht blindlings -
Ch	179. Der Ehstand verwandelt die Feenhafte *Villa* des Ideals in einen ergiebigen Mayerhof.

180 Man soll den Teufel nicht an die Wand malen (bei dem Portrait eines häßlichen Weibes)

181 [illegible]

182 [illegible]

183 [illegible]

184 [illegible]

185 [illegible]

⊗	180	Man soll den Teufel nicht an die Wand mahlen, (bey dem *Portrait* eines bösen Weibes)
	181	(× (weibliche Nahmen) Wer kann sich ein[e] *Clara* anders als fromm [vor- stellen], eine *Julie* geistreich und etwas leichtsinnig, eine Auguste ernst und stolz, eine Amalie sanft und hingebend, eine Rosa kind- lich, eine *Anna* wirthschaftlich, eine *Louise sentimental*{?} Marie ernst, schwermüthig oder unglüklich. ×)
	182	Könnt' ich den Täuschungen dieser unter der Freudenschmin- ke so blassen Zeit entflieh'n.
⊗ III *A* Schluß *[quer geschrieben]*	183.	Es ist nur ein Vorrecht der (×+ {ge} +×) Jugendkraft über die Grab- hügel der Vergangenheit Blumen der Gegenwart zu streuen.
(× {*Sch*}×) *Ch*	184.	(× Badeörter, wo einem der Anblick krancker Menschen den der gesunden Natur verleidet. ×)
	185	(× Ein Mädchen, das in ihr Tagebuch bereits Nacht- gedanken eingetragen ×), oder ein Herz, das schon halb gebrochen unter den unerhörten Leiden, die man täglich hört.

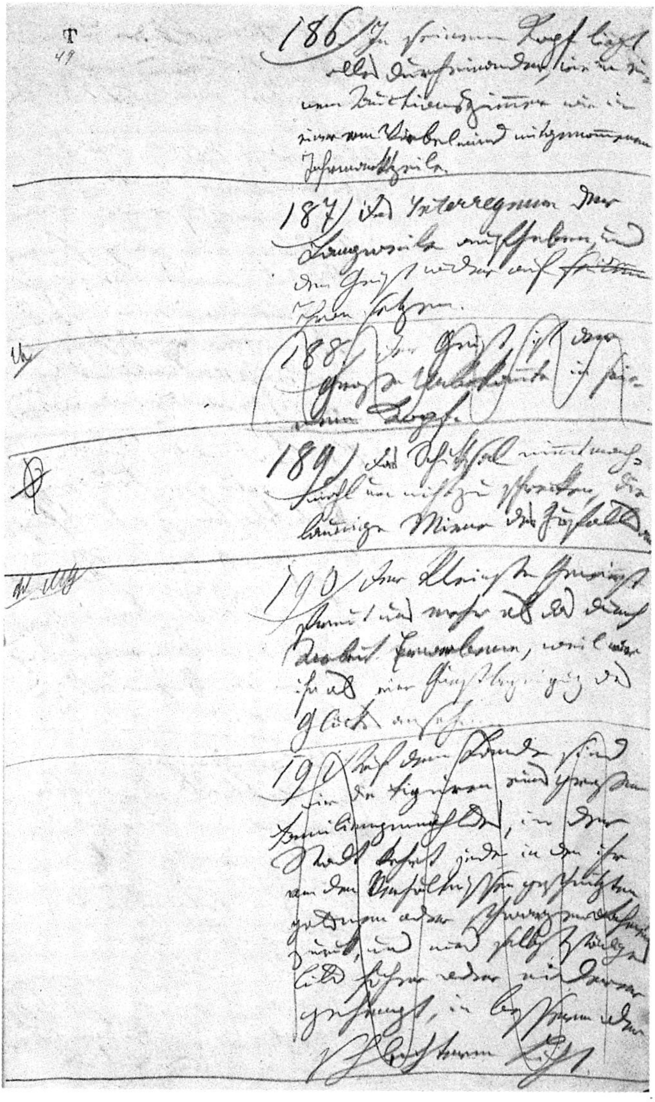
T
49
186
187
188
189
190
191

186 In seinem Kopf liegt
alles durcheinander, wie in einem Auctionszimmer wie in
einer vom Wirbelwind mitgenommenen
Jahrmarktzeile.

187 Das *Interregnum*[11] der
Langweile aufheben, und
den Geist wider auf (× seinen ×)
(+ den +)
Thron setzen.

Ch

188. (× Der Geist ist der
große Unbekannte in sei-
nem Kopf. ×)

⊠

189. Das Schiksal nimmt manchmahl um nicht zu schrecken, die
launige Miene des Zufalls an

Ch Mlg

190 Der kleinste Gewinnst
freut uns mehr als das durch
Arbeit Erworbene, weil wir
ihn als eine Gunstbezeugung des
Glückes ansehen

191 (× Auf dem Lande sind
wir die Figuren eines großen
Familiengemähldes, in der
Stadt kehrt jede in den ihr
von den Verhältnissen geschnitzten
goldnen oder schwarzen Rahmen
zurük, und wird selbstständiges
Bild höher oder niederer
gehengt, in besserm oder
schlechterm Licht. ×)

11 *Interregnum*: lat., ‚Zwischenregierung‘.

192 [illegible]

193 [illegible]

194 [illegible]

195 [illegible]

196 [illegible]

197 [illegible]

192 Meine äußere Ar-
muth ist Reichthum gegen
den entsetzlichen Jammer in
meinem Innern, ich bin so grän-
zenlos elend, daß mir dieses
Dachkämmerchen oft wie ein
Pallast erscheint, gegen-
über dem Trümmerschutte meines zerstörten Herzens.

⊠ 193 Die Wohlgerüche Indiens
vertilgen nicht den grauen-
erregenden Moderduft in
der Familiengruft meiner
Gefühle

---

194. O, wär ich nur ausser
mir, – in mir ist die ganze
Sippschaft der Hölle los,
und die wilde Jagd ist ein
Menuet gegen den Tanz
meiner Gedanken.

---

195 Antiquar (Todtengräber-
geschäft der Litteratur.)

Ch 196. Der armseelige Ertrag
von Lectionen im Italienischen
und Fra[n]zösischen sollten *[sic]* einen Magen befriedigen der
nur Deutsch versteht

---

197. Drücken Sie die Lippen
des Vertrauens an das Sprach-
gitter der Freundschaft

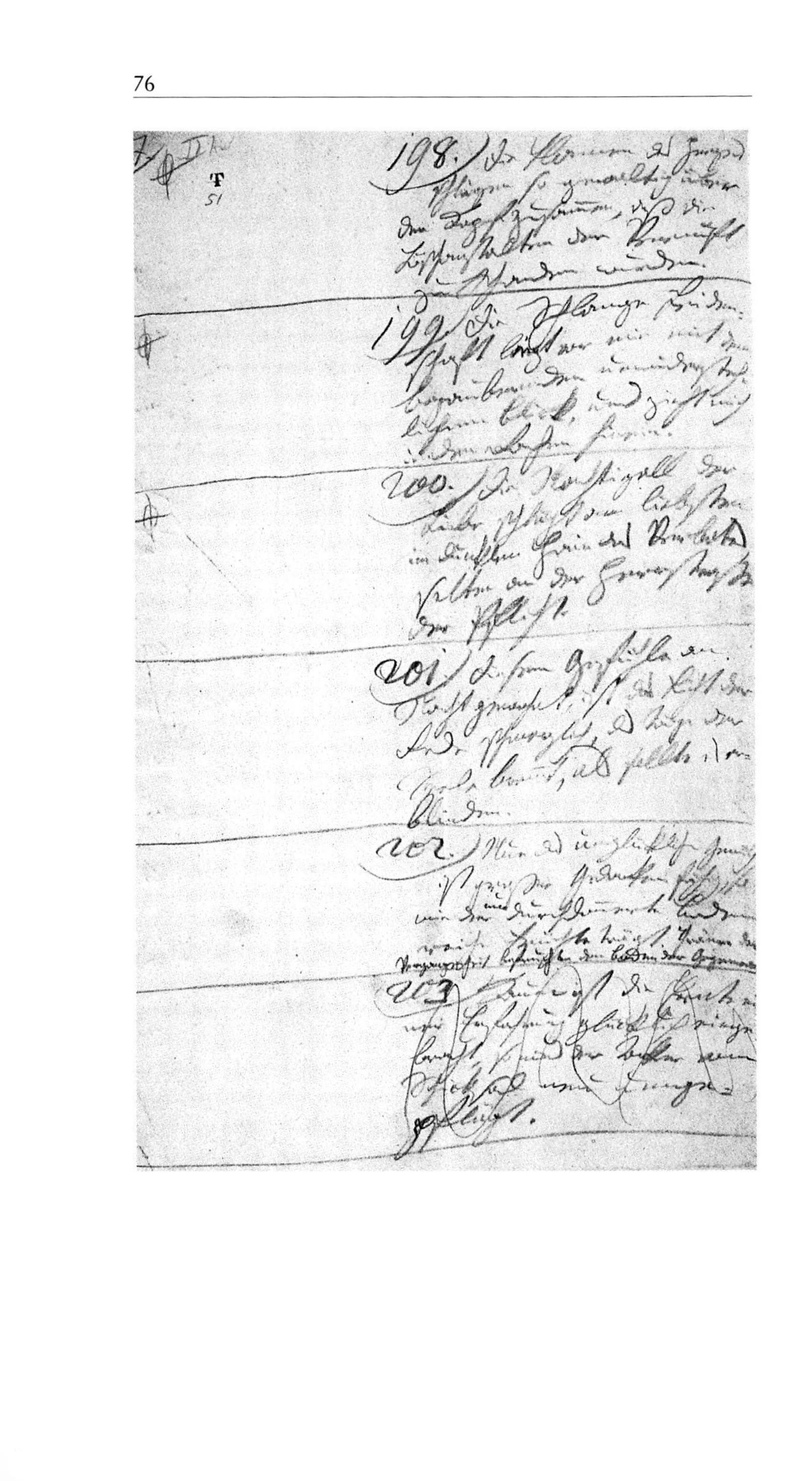

T
51

198.

199.

200.

201.

202.

203.

II *Act*

⊗ 198. Die Flam[m]en des Herzens schlugen so gewaltig über den Kopf zusammen, daß die Löschanstalten der Vernunft zu Schanden wurden.

⊗ 199. Die Schlange Leidenschaft liegt vor mir mit dem bezaubernden unwiderstehlichen Blick, und zieht mich in den Rachen hinein.

⊗ 200. Die Nachtigall der Liebe schlägt am liebsten im dunklen Hain des Verbotes, selten an der Herrstraße der Pflicht.

201. Diesem Gefühle[,] an Nacht gewohnt, ist das Licht der Rede schmerzlich, das Auge der Seele brennt, als sollte es erblinden.

202. Nur das unglükliche Gemüth ist großer Gedanken fähig, so wie der (+ nur +) durchdonnerte Boden reiche Früchte trägt. (+ Thränen der Vergangenheit befruchten den Boden der Gegenwart +)

203. (× Kaum ist die Ernte einer Erfahrung glücklich eingebracht, so wird der Aker vom Schicksal neu umgepflügt. ×)

	204.	Die Pfeiler der Verhältnisse, erschüttert vom Erdbeben des Herzens brechen, und das Gebäude der Existenz stürzt in Trümmer.
	205	Stern, der sich im Meere spiegelt, einer stürzt sich hinein. (Anwe[n]dung auf Ruhe im Jen- seits[)]
	206	Ich hasse nicht das Einzelne, ich hasse Alles wo sich die Er- bärmlichkeit auf Kosten des Ver- dienstes erheben will, es heiße Geldstolz, Adelstolz, Gelehrten[-] oder Künstlerstolz
	207	Vergangenheit ist mein *Capital*, Erinnerung die Intresse[n] die ich verzehre.
Ch ⊗	208	Der Mensch hat wenig vom Vater, wenn wirklich der Himmel sein Vater ist, desto mehr von der Mutter (Erde)
	209	Da droben ist kein Ohr, zu hören meine Klage, kein Herz wie meines, sich zu erbarmen, des Bedrängten.
	210	(× Oft und schwergeprüfte Beinkleider. ×)

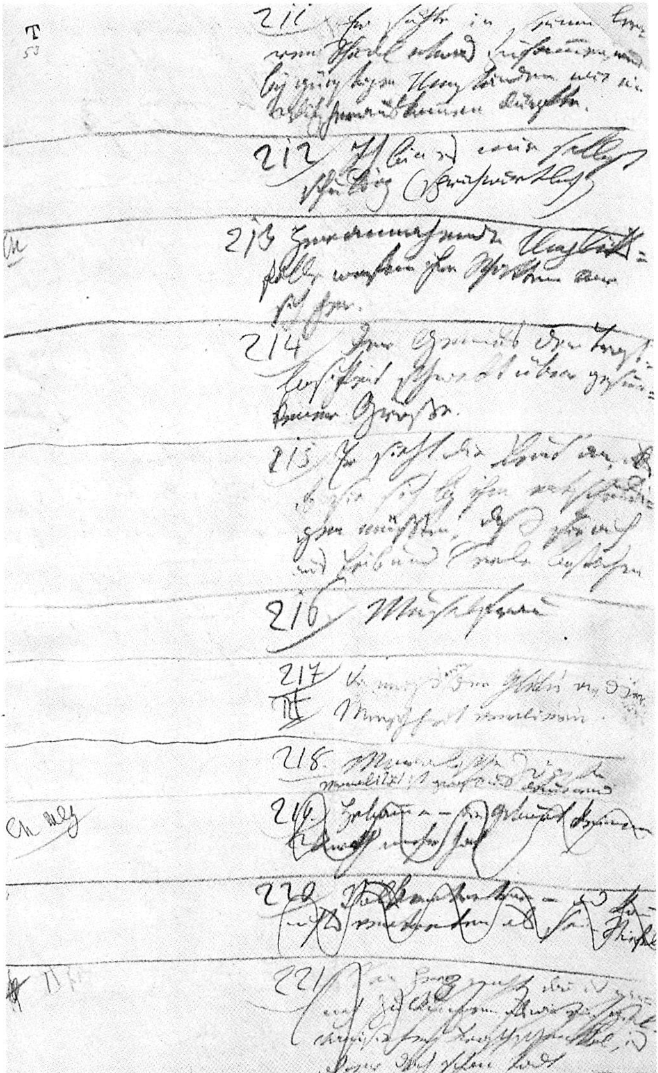

	211	Er suchte in seine[m] leeren Schädl etwas zusammen, was bey günstigen Umständen wie ein Witz herauskommen dürfte.
	212	Ich bin es mir selbst schuldig (sprichwörtlich)
Ch	213	Herannahende Unglüksfälle werfen ihre Schatten vor sich her.
	214	Der Genius der Trostlosigkeit schwebt über gesunkener Größe.
	215	Er sieht die Leut' an, als ob sie sich bey ihm entschuldigen müßten, daß sie auch aus Leib und Seele bestehen
	216.	Muselfrau
	217 *Rf*	Da muß (+ man +) den Glaub'n an die Menschheit verlier'n
	218.	Moralische Zöpfe (+ Moralität ist groß und dauernd +)
Ch Mlg	219.	(× Hebamme – die Geburt keinen Werth mehr hat ×)
	220.	(× Volkvertreter – und kann nichts vertreten als seine Stiefeln. ×)
⊗ II {*Act*}	221	(× Sein Herz macht dann und wann noch Zuckungen, als wie ein galvanisirter Froschschenckel, is aber doch schon todt ×)

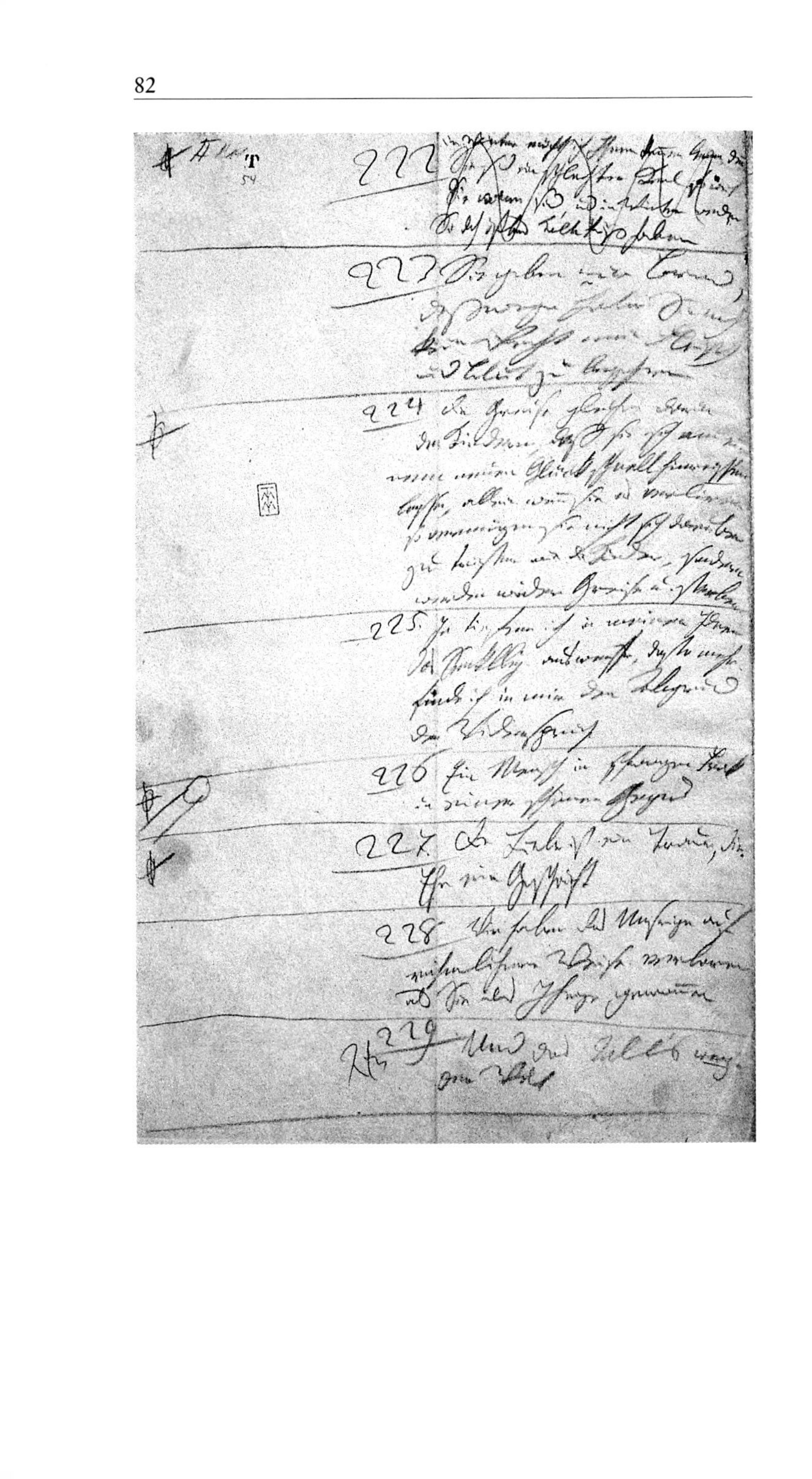

T 54

222

223

224

225

226

227

228

229

⊗ II {*Act*}		222	(× (+ in Winter möcht' ich Ihnen kennen lernen, denn +) Sie sind ein schlechter Kerl so weit Sie warm sind, und in Winter werden Sie doch öfters Kalte Füß haben ×)
		223	Sie geben mir Brod, deßwegen haben Sie noch kein Recht mein Fleisch und Blut zu begehren
⊗		224	Die Greise gleichen darin den Kindern, daß sie sich von ei- nem neuen Glück schnell hinreissen lassen, allein wenn sie es verlieren so vermögen sie nicht sich darüber zu trösten wie die Kinder, sondern werden wieder Greise u. sterben.
		225.	Je tiefer ich in meinen Ideen das Senkbley auswerffe, desto mehr finde ich in mir den Abgrund der Widersprüche
⊗ ✎		226	Ein Mensch in schwarze[m] Frak in einer schönen Gegend
⊗		227.	Die Liebe ist ein Traum, die Ehe ein Geschäft
		228	Wir haben das Unsrige auf rühmlichere Weise verloren als Sie das Ihrige gewonnen
	Rfn	229.	Und das All's weg'n der Welt

8)

230 Lied über die Farben

231 [illegible]

232 Lied über die Furcht

233 [illegible]

234 [illegible]

235 [illegible]

236 [illegible]

237 [illegible]

238 [illegible]

239 [illegible]

240 [illegible]

230 *Lied* über die *Farben*

231 (× *Lied* über den Aberglauben ×).

232 *Lied* über die *Furcht*

233 Ein Mädchen von Familie

234 Die Vernunft is im Kopf
der Zopf aussen, drum wo
die Vernunft aufhört, da fangt
der Zopf an

235 (× Geister rufen *W. W.*
(Wienerwährung[)][12] ×)

236 (× Mit Allem zufrieden seyn –
Ja, wenn man Alles hat ×)

237 Nichts ist das Wahre weil
gar nichts wahr is. *Nihi-
lismus*

238. (× H ×)Die Menschen muß {man}
hassen ehe man sie kennt;
verachten, wenn man sie kennt

239 Das Geld ist der Punct
den *Archimedes*[13] suchte, um
die Welt zu bewegen.

240 Liebe ist ein Beweis
von Schwäche, den man ei-

---

12 *Wienerwährung*: im Jahre 1811 zur Vermeidung eines Staatsbankrottes eingeführtes, auf ein Fünftel des Nennwerts devaluiertes Papiergeld. Ab 1820 hatte ein Gulden W. W. („ein Gulden Schein“) den Wert von 24 Kreuzer Convenienzmünze. Zur Geschichte des österreichischen Währhungssystems zu Nestroys Lebzeiten siehe Günther Probszt, *Österreichische Münz- und Geldgeschichte. Von den Anfängen bis 1918*, 3. Aufl., Wien, Köln, Weimar 1994, Bd. 2, S. 522–542.

13 *Archimedes*: altgriechischer Mathematiker und Physiker, entdeckte u. a. das Gesetz des Auftriebs (‚Archimedisches Prinzip‘). Anspielung auf das geflügelte Wort „Gib mir einen Punkt, wo ich hintreten kann, und ich bewege die Erde!“

[illegible]

241. [illegible]

242. [illegible]

243. [illegible]

244. [illegible]

245. [illegible]

246. [illegible]

nem (× Wesen ×) (+ noch schwächeren Wesen +)
giebt

241. Die Illusionen verlassen nur langsam in einzelnen Tropfen das Herz

242. Man soll die Verirrungen des Geistes nicht für ein Bedürfniß des Herzens halten.

243. Es giebt Erinnerungen die sich nie verwischen, es giebt Thatsachen, die man nicht mit der Kraft des Willens aus dem Gedächtnisse zu bannen vermag.

244. Zwey Thränen, wovon eine auf seine (× T ×) todte Vergangenheit, (× ei ×) die andere auf seine vernichtete Zukunft fiel.

245. Wie er fortgieng war mir, als ob in seiner Person die Nacht hinweggienge.

246. Es läßt sich nichts finden, man muß den Dingen bey-

[illegible]

247 [illegible]

248 [illegible]

249 [illegible]

250. [illegible]

251. [illegible]

252 [illegible]

stehen, daß sie sich
finden lassen.

247 Es sollte anders mit
mir stehen, das fällt auf
die Gsellschaft zurück, daß
ein Mensch wie ich – *ect* es ist
Sache der Gesellschaft {*ect*}

248. Schwärmerin schaut den
Mond an, und erinnert sich an
die alten Zeiten, wo sie und
die Erde noch Etwas gemein hatten.

249. Der Papa ist nicht zu
Haus – Schade! – wir ertru-
gen es jedoch mit Fassung.

250. Viele haben schon geliebt, aber so wie ich noch Keiner.

251. Eine Alte sagt von
einem reitzenden Mädchen,
so habe ich ausgesehen.

252. Glückliches Talent und
glückliche Gelegenheit sind
die beyden Seiten der Leiter[.]
Die Sprossen müssen Fleiß
und fester Wille seyn

T
55

253. [illegible]

254. [illegible]

255. [illegible]

256. [illegible]

257. [illegible]

258. [illegible]

253. Es giebt Leute, (alte Frauen,) welche sehr viel Zerstreuung ertragen können.

254. Ich werd' wild – Ich wollte Sie wären ein Wilder und wären in Ihrem Vaterlande

255. Ich konnte meinem Mitmenschen ein Puff[14] geben, wenn er mich beleidigte, mein Mitmensch und ich stehen nicht länger auf diesem glorreichen Fuße.

256. Eine lange und schwarze Nacht hüllte mich ein, bewohnt von den Geistern vieler Hoffnungen, vieler theurer Irrthümer, mancher vergeblicher Sorge, u. mancher Reue.

257. Ganz (× {*[ein kurzes Wort gestrichen]*} ×) wie damahls wie der noch Knabe war, wenn er jemahls ein Knabe war, – was mir unwahrscheinlich erschien.

258 Er is gerad' so ehrlich, daß man ihn nicht aufhängen kann.

14 *Puff*: ugs., ‚Schlag', ‚Stoß'.

T
57

259

260

259. Er hat lang genug gelebt, um einsehen zu lernen, daß man dann u. wann, anstandshalber etwas Gutes thuen muß

260 Ein ächter Handeltreibender ist eine großartige Merkwürdigkeit, – der sein ganzes Seyn in ein Trattenbuch[15] eingezwängt hat – wie so ein Mensch sich zu einem künstlichen Rechen-Menschen macht – mühesam das Herz hinauswirfft aus der Brust[,] *Illusionen* zertritt wie die Blumen des Lebens, seinen irrdischen Theil vom Paradiese mit Sand anschottert[16] um die Waarenballen zu schichten – dann ein Künstlicher Mensch geworden – nicht mehr lauschen dem Gesang der Nachtigall *ect*

15 *Trattenbuch*: ‚Wechselbuch' (Tratte: ‚Wechsel').
16 *anschottert*: ‚mit Schotter anschüttet'.

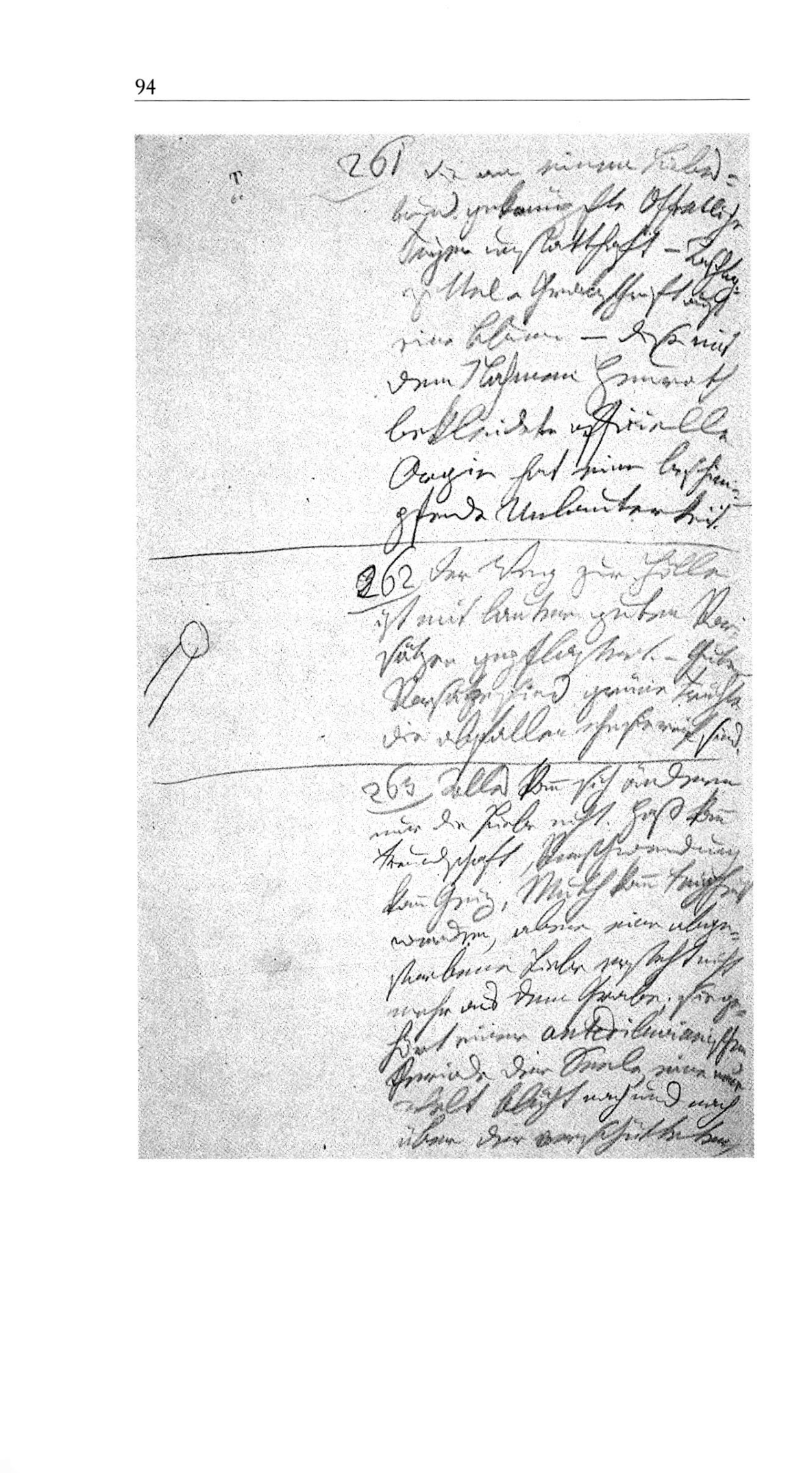

261

262

263

261 Die an einen Liebes-
bund geknüpfte [Ö]ffentliche
Feyer unstatthaft – Anschlag-
zettel – Grabschrift auf
eine Blume – diese mit
dem Nahmen Heurath
bekleidete officielle
Orgie hat eine beschim-
pfende Unlauterkeit.

---

262 Der Weg zur Hölle
ist mit lauter guten Vor-
sätzen gepflastert. – Gute
Vorsätze sind grüne Früchte
die abfallen ehe sie reif sind.

---

263 Alles kann sich ändern[,]
nur die Liebe nicht. Haß kann
Freundschaft, Verschwendung
kann Geiz, Muth kann Feigheit
werden, aber eine abge-
storbene Liebe ersteht nicht
mehr aus dem Grabe; sie gehört einer *antediluviani*schen[17]
Periode der Seele, eine neue
Welt blüht nach und nach
über der verschütteten,

---

17 *antediluvianischen*: ‚vorsintflutlichen‘.

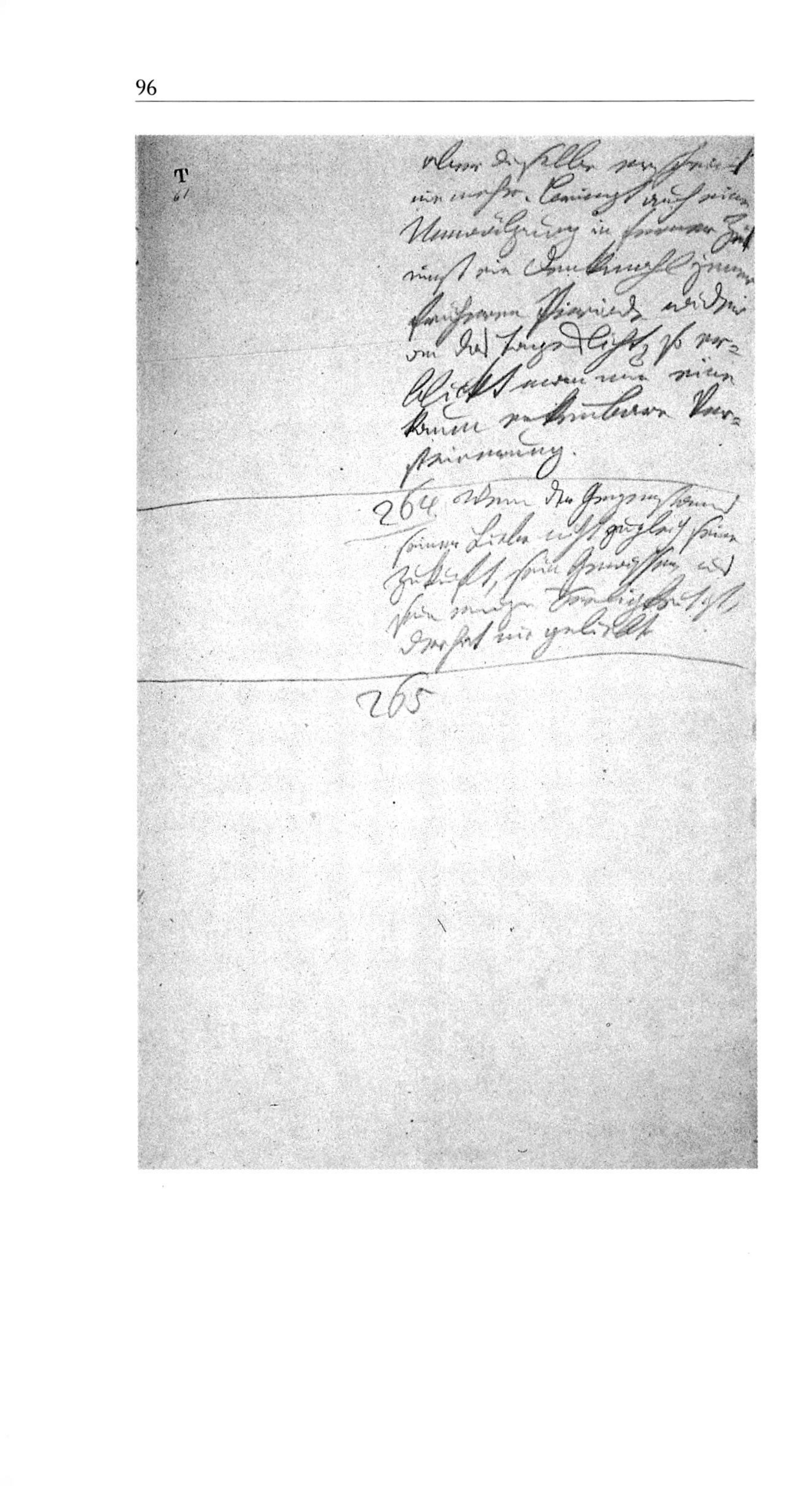

T

264

265

aber dieselbe erscheint
nie mehr. Bringt auch eine
Umwälzung in ferner Zeit
einst ein Denkmahl jener
früheren Periode wider
an das Tageslicht, so er-
blickt man nur eine
kaum erkennbare Ver-
steinerung.

---

264. Wem der Gegenstand
seiner Liebe nicht zugleich seine
Zukunft, sein Gewissen, und
sein[e] ewige Seeligkeit ist,
der hat nie geliebt

265

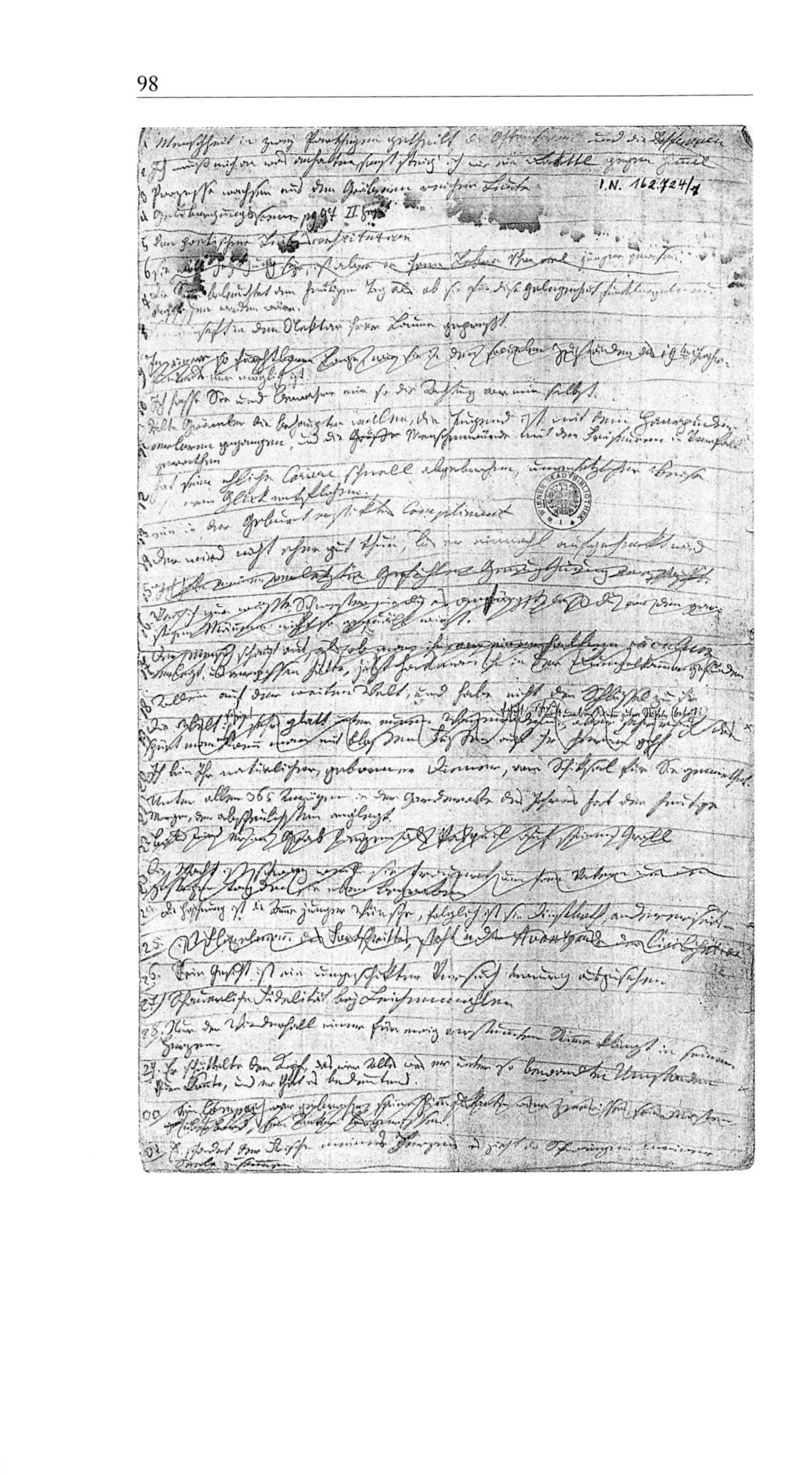

KOLLEKTANEEN DER HANDSCHRIFT I.N. 162.724 DER WIENER STADT- UND LANDESBIBLIOTHEK

1 Menschheit in zwey Partheyen getheilt, die Offensiven und die *Deffensiven.*

2 Ich muß mich an was anhalten, sonst steig' ich wie ein Rakettl gegen Himmel

3 Prozesse wachsen aus den Gräbern reicher Leute

4 Geldborgungsscene *pg* 97 II Heft

5 Von poetischer Leibes*constitution*[18]

6 (× Sie will jetzt jung seyn, ist aber in ihrem Leben schon mal jünger gewesen. ×)

7 Die Sonne beleuchtet den heutigen Tag als ob sie für diese Gelegenheit funkelnagelneu erschaffen worden wäre.

8 Lemonisaft in den Nektar ihrer Laune gepreßt.

9 (× In einer so furchtbaren Lage, wie sie in den socialen Zustän-den des 19ten Jahrhunderts nur möglich ist. ×)

10 Ich hasse Sie und bewahre mir so die Achtung vor mir selbst.

11 Alte Grämler die behaupten wollen, die Tugend ist mit dem Haarpuder verloren gegangen, und die (× Größe ×) Menschenwürde mit den Friseuren in Verfall gerathen

12 hat seine ehliche *Cariere* schnell abgebrochen, ungesetzlicher Weise seinem Glück entflohen.

13 ein in der Geburt erstiktes *Compliment*

14 der wird nicht eher gut thun, bis er einmahl aufgehenkt wird

15 (× Ich habe meinen verletzten Gefühlen Genugthuung verschafft. ×)

16 (× Wenn ich nur wüßte, Schwester, wie du es anfängst, daß du von den garstigen Männern nicht so gequält wirst. ×)

17 (× Der Mensch schaut aus, als ob man ihn vor einem halben *säculum*[19] verlegt, und vergessen hätte, jetzt hat man ihn in der Rumpelkammer gefunden ×)

18 Allein auf der weiten Welt, und habe nicht den Schlüssel zu ihr

19 (× Die Welt ist (+ scheint +) sehr glatt unter euren Wa- ×
genrädern, (+ fahrt (+ scheint +) {nicht} uneben unter guten Stiefeln ({betritt}) +) aber sehr rauh, das spürt man (+ erst +), wenn man mit bloßen Füßen auf ihr herum geht. ×)

20 Ich bin Ihr natürlicher, geborner Diener, vom Schiksal für Sie gemiethet.

18 *Leibesconstitution*: ‚körperliche Verfassung'.

19 *säculum*: lat., ‚Jahrhundert', ‚Zeitalter'.

21 Unter allen 365 Anzügen in der Garderobe des Jahres hat der heutige Morgen, den abscheulichsten ang'legt.

22 (× Bald wird er in Grab liegen als Pasquil auf seinen Groll ×)

23 (× Die Nacht ist schwarz weil sie trauert um ihren Vatern um den gestrigen Tag den sie eben begraben ×)

24 Die Hoffnung ist die Amme junger Wünsche, folglich ist sie Dinstboth, andererseits –

25 (× ist Flügelmann[20] des Fortschrittes, steht in der *Avantgarde* der *Civilisation* ×)

26 Sein Gesicht ist ein ungeschikter Versuch {traurig} auszusehen.

27 Schauerliche *Fidelität* bey Leichenmahlen

28 Nur der Wiederhall einer für ewig verstummten Stimme klingt in seinem Herzen.

29 Er schüttelte den Kopf, das war Alles was er unter so bewandten Umständen thun konnte, und er that es bedeutend. ×

30 (× Sein *Compas* war gebrochen, seine Himmelskarte war zerrissen, seine Masten (× {ge} ×) über Bord, sein Anker losgerissen. ×)

31 Es schadet der Frische meines Herzens, es zieht die Schwingen meiner Seele zusammen.

---

20 *Flügelmann*: der erste an der Spitze oder am rechten Flügel einer Truppenreihe stehende Mann, maßgeblich für deren Ausrichtung und Marschtempo; in metaphorischer Bedeutung u. a. bei Goethe („geistige Flügelmänner"), vgl. DWB Bd. III, Sp. 1843.

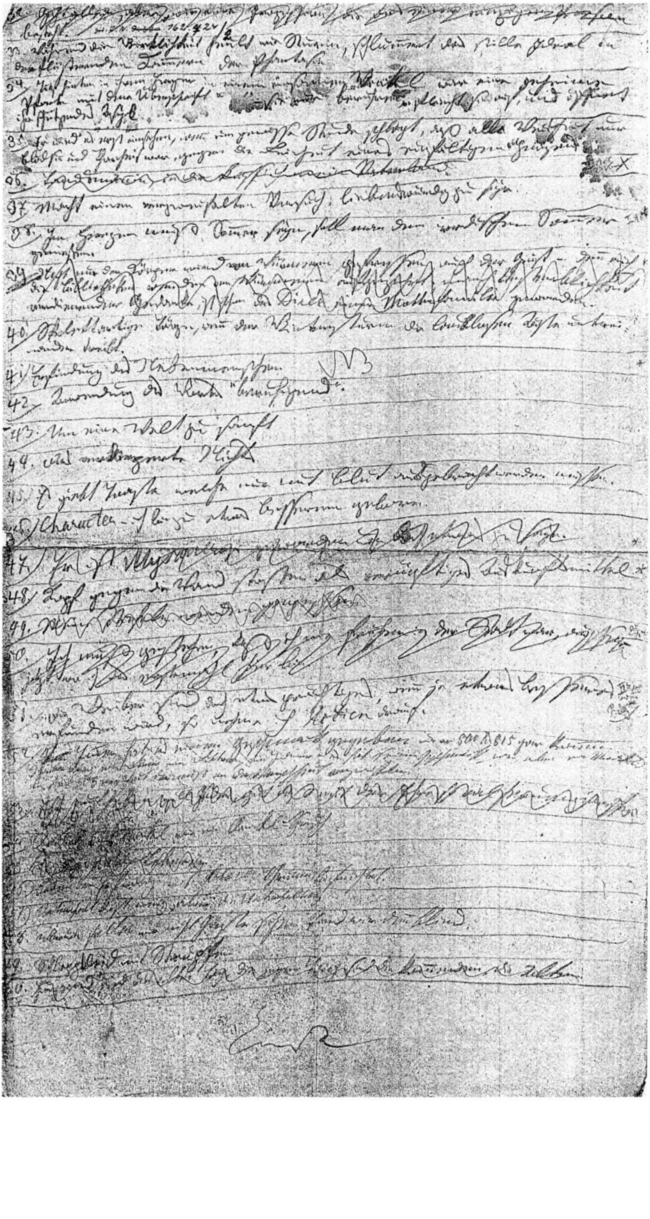

32 (× Geht allein, aber wie eine Prozession, die aus einer einzigen Person besteht. ×)

33 Während die Wirklichkeit heult wie Sturm, schlummert das stille Ideal in den flüsternden Kammern der Phantasie.

34 Tief hinten in ihrem Herzen in einem einsamen Winkel war eine geheime Pforte mit der Überschrift „ “ – sie nur berühren, fliegt sie auf, und öffnet ihr schützendes Asyl.

35 Er wird es erst einsehen, wenn eine gewisse Stunde schlägt, daß alle Weisheit nur Blödsinn und Thorheit war, gegen die Reinheit eines einfältigen Herzens.

36 (× Landsmännin, in dir küss’ ich mein Vater- land. ×) II *Act* ✕ 2te *Scene*

37 Macht einen verzweifelten Versuch, liebenswürdig zu seyn.

38 Im Herzen muß Sommer seyn, soll man den irrdi- schen Sommer genießen. I *Act*

39 (× Nicht nur der Körper wird von Würmern gefressen, auch der Geist – denn auch die Bibliotheken werden von Würmern aufgezehrt, manch Unsterblichkeit verdienender Gedanke ist schon das *Diner* einer Mottenfamilie geworden. ×) *

40 Skelettartige Tänze, wenn der Wintersturm die laublosen Äste untereinander treibt.

41 Erfindung des Nebenmenschen *NB* *

42 Anwendung des Wortes „beruhigend“.

43 Um eine Welt zu sanft

44 Das verkörperte Nichts

45 Es giebt Toaste welche nur mit Blut ausgebracht werden müssen.

46 *Character* – ich bin zu etwas besserem geboren.

47 (× Er ist *Mysantrop*[21] geworden um doch etwas zu seyn. ×) *

48 Kopf gegen die Wand stoßen als vernünftiges Auskunftsmittel *

49 (× Meine Stiefeln werden {gegessen} ×)

50 (× Ich muß gestehen, daß ich nie früher in der Stadt war, ausser jetzt wo ich das erstemahl hier bin. ×) 2ter {*Act*}

51 Die Weiber sind doch etwas prächtiges, wenn je etwas besseres erfunden wird, so nehme ich *Actien* drauf. II^{ter} {*Act*} {vom} {*Balg*} *

21 *Mysantrop*: ‚Menschenfeind‘.

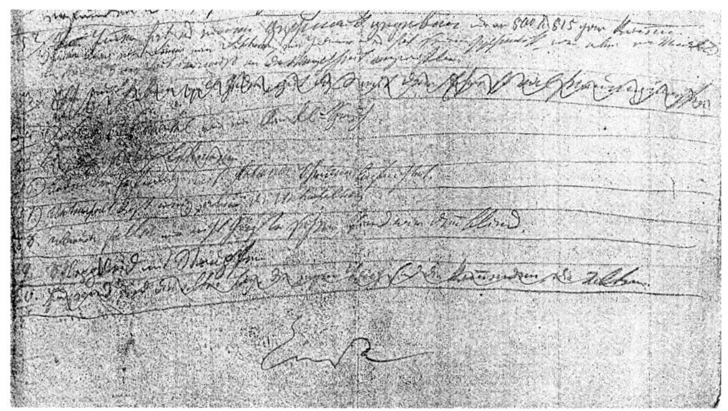

52 (× *[ein Wort unleserlich]* ×) Immer hat es einen Geschmack gegeben nur von 800 bis 815 gar keinen[.] Schau'n {wir} ein {Diener} ein {Ritter} ein Jeder – es hat seinen Geschmack, wer aber {ein Mannsbild} *[unleserlich]* {anschaut} der muß an {der} Menschheit {verzweifeln}

53 (× {Ehre} aufheben will Jeder, gut daß mit der Ehre so viel herumgeworffen wird ×)

54 Die *[unleserlich]* wie ein Orakl-Spruch

55 (× *[unleserlich]* {Mittel[n]} Leberer ×)

56 Boden der Erfindungen mit *Actionär* Thränen befrüchtet.

57 Unterhalt kost wenig, aber die Unterhaltung

58 {Warum} sollen wir nicht Gäste sehen, sind wir denn blind.

59 Schleppkleid mit Strupfen[22]

60 (× {Jugend} {sind} die alten Tag, die jungen Tag sind die kommenden, die Alten. ×)

Ende

22 *Strupfen*: ‚Schnüre'. Die Schleppe war zu Nestroys Lebzeiten mit Ausnahme des höfischen Galakleids nicht mehr in der Mode; vgl. Ingrid Loschek, *Reclams Mode- und Kostümlexikon*, 3., revidierte und erweiterte Aufl., Stuttgart 1994, S. 410 f.

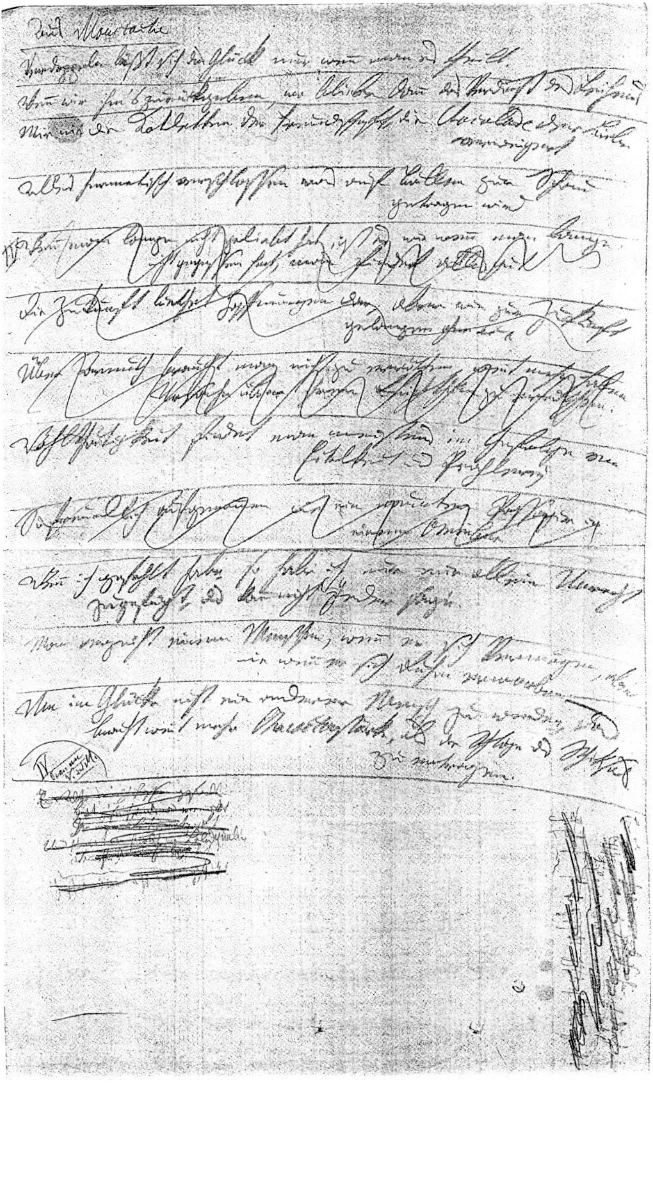

AUS *MOUSTACHE*

Aus *Moustache*

Verdoppeln läßt sich das Glück nur wenn man es theilt.

Wenn wir ihm's zurückgeben, wo bliebe dann das Verdienst des Leihens

Mir nie die Kotletten der Freundschaft, die *Chocolade* der Liebe verweigert

Alles hermetisch verschlossen was auf Bällen zur Schau getragen wird

IV (× Wenn man lange nicht geliebt hat, ist es wie wenn man lange nicht gegessen hat, man findet alles gut ×)

(× Die Zukunft biethet Hoffnung dar, aber wie zur Zukunft gelangen ohne *ect* ×)

(× Über Armuth braucht man nicht zu erröthen, weit mehr haben Ursache über ihren Reichthum zu erröthen. ×)

Wohlthätigkeit findet man meistens im Gefolge von Eitelkeit und Prahlerey

(× So freundlich aufgenommen wie ein neunter Passagier in einem *Omnibus*[23] ×)

Wenn ich gefehlt habe, so habe ich nur mir allein Unrecht zugefügt, das kann nicht Jeder sag'n.

Man verzeiht einem Menschen, wenn er sich Vermögen, aber nie wenn er sich Ruhm erworben

Um im Glück nicht ein anderer Mensch zu werden, das braucht weit mehr *Character*stärke, als die Schläge des Schiksals zu ertragen.

23 *Omnibus*: Zum ‚Stellwagen', dem in Wien von zwei Pferden gezogenen Vorläufer des motorisierten Omnibus, vgl. Mauriz Schuster, *Alt-Wienerisch*, Wien 1951, S. 156 f.

R. G. J. [illegible]

1.	Leben eines Manes		[illegible]
2.	Leben		[illegible]
3.		Herz	[illegible]
4.	Tod		[illegible]
5.		Todesblässe	[illegible]
6.		Wege zum Glück	[illegible]
7.	Dünne Füße	Flieder-rosen(?)	[illegible]
8.	Vergnügen	Schönheit	[illegible]
9.	Gelehrte Köpfe		[illegible]
10.	Seele		[illegible]
11.		Melancholische	[illegible]
12	Erinnerung	Schneeschaufeln(?)	[illegible]
13.	Hoffnungen, Wünsche		[illegible]
*14.	Erinnerung Herz		[illegible]

R. P. J. IDEEN

R. P. J. Ideen

1.	*Leben eines Mannes*		Sein Leben hatte nicht mehr Wolcken, als zu einem schönen Abendroth vonnöthen ist.
2.	*Leben*		Weinend kommt man (+ *[über der Zeile:]* Jeder +) in dieses Leben, lächelnd soll man (+ *[über der Zeile:]* können nur Wenige +) in jenes übergehen.
3.		*Herz*	Das Menschenherz ist eingeklemmt und voll schweren Menschenblutes.
4.	*Tod.*		Der Tod schickt oft seine sanftere Tochter die Ohnmacht voraus.
5.		*Todesblässe*	Todesblässe ist der bleiche Schnee, unter welchem der Frühling der Ewigkeit grünt.
6.		*Wege zum Glück*	Zum Glück giebt es nur zwey Wege, entweder sich so hoch erheben (in Phanthasie) daß einem die Welt winzig klein erscheint, oder sich niederlassen in eine tiefe Furche, wo einem jeder Grashalm unserer Umgebung als etwas großes erscheint.
7.	*Dünne Füsse*	*Pluderhosen*[24]	Die Parzen[25] haben den Lebensfaden von den Spindeln seiner Füsse bereits abgewickelt.
8.	*Vergnügen*	*Schönheit*	Das Vergnügen an Schönheit gewinnt durch Unwissenheit in der Anatomie derselben.

24 *Pluderhosen*: halblange, weite Kniehose (16. Jahrhundert); zu deren Geschichte vgl. Ingrid Loschek, *Reclams Mode- und Kostümlexikon*, 3., revidierte und erweiterte Aufl., Stuttgart 1994, S. 381.

25 *Parzen*: (altrömische) ‚Schicksalsgöttinnen'.

			[illegible]
9.	Gelehrte Köpfe		Gelehrte Köpfe [illegible] schlechten [illegible]
10.	Seele		Zarte Seelen, werden von 3 [illegible] Feinden angefallen, von Welt, dem Schicksal und dem eignen Herzen.
11.		Melancholische	Sie ist eine [illegible] vom Schmerz durchbrochene Freude.
12	Erinnerung	Schattenseiten	Der Schmerz des Lebens [illegible] Erinnerung zu lieben.
13.	Hoffnungen, Wünsche		In der Jugend hat man für vergängliche ~~[illegible]~~ Wünsche noch vergängliche Hoffnungen, später bleiben die vergänglichen Wünsche, aber die Vernunft löscht die Hoffnung aus und die [illegible] Wünsche müssen sich noch und noch an der [illegible] der Hoffnungslosigkeit [illegible]
*14.	Erinnerung Herz		Der ist nicht ganz unglücklich, dem die [illegible] seiner Jugend nicht niemals mit bitteren [illegible] Erinnerung [illegible]

9.	*Gelehrte Köpfe*		Gelehrte Köpfe wohnen meistens auf schlechten Unterleibern.
10.	*Seele*		Zarte Seelen, werden von 3 Räubern ihrer Freuden angefallen, vom Volck, vom Schicksal und vom eigenen Herzen.
11.		*Melancholische*	Sie ist eine reine vom Schmerz durchborthe Perle.
12.	*Erinnerung*	*Schneeschaufeln*	(× Den Schnee des Lebens wegschaufeln, und sich am Wintergrün der Erinnerung zu laben. ×)
13.	*Hoffnungen, Wünsche*		In der Jugend hat man für gränzenlose (× Hoff ×) Wünsche noch gränzenlose Hoffnungen, später bleiben die gränzenlose[n] Wünsche, aber die Vernunft löscht die Hoffnung aus, und die ungestümmen Wünsche müssen sich nach und nach an der schroffen Wand der Hoffnungslosigkeit den Schädl einstoßen.
*14.	*Erinnerung Herz*		Der ist erst ganz unglücklich, der die kahlen Wände seines Herzens nicht einmahl mit Bildern der Erinnerung schmücken kann.

SCHLUSSWORT

Die Veröffentlichung dieser Edition zur 200. Wiederkehr von Nestroys Geburtstag ist durch die Kooperation der Internationalen Nestroy-Gesellschaft, des Deutschen Theatermuseums und des Verlagsbüros Mag. Johann Lehner Ges. m. b. H. zustandegekommen und wurde durch die finanzielle Unterstützung der MA 18 der Stadt Wien (Referat Wissenschafts- und Forschungsförderung) und des Deutschen Theatermuseums ermöglicht. Allen diesen Institutionen und ihren Leitern sei hier für ihre Unterstützung und Ermutigung sehr herzlich gedankt. Nicht weniger herzlich habe ich vielen Freunden und Freundinnen, Kollegen und Kolleginnen für Anregungen, Hilfe und Informationen bei der Vorbereitung dieser Edition zu danken: Herrn Dr. Urs Helmensdorfer (Zuoz, Schweiz) und Herrn Professor Dr. Friedrich Walla (University of Newcastle, NSW), die mir beide mit vielen Ratschlägen und Hinweisen großzügig geholfen haben, Herrn Senatsrat Dr. Walter Obermaier und Herrn Oberbibliotheksrat Dr. Hermann Böhm (Wiener Stadt- und Landesbibliothek), Herrn Ministerialrat Dipl.-Ing. Karl Zimmel (Geschäftsführer, Internationale Nestroy-Gesellschaft, Wien), Herrn Professor Dr. Jürgen Hein (Universität Münster), Herrn Professor Dr. Peter Branscombe (St. Andrews), Frau Dr. Ulrike Zitzlsperger und Herrn Dr. John McKenzie (University of Exeter, GB). Für seine praktische Hilfe bei den Vorbereitungen zur Drucklegung und seine sorgfältige Betreuung des Bandes im Lektorat danke ich Herrn Mag. Johann Lehner. Mein besonderer Dank gilt schließlich Frau Dr. Birgit Pargner (Deutsches Theatermuseum, München), der wir die Wiederentdeckung der *Reserve* verdanken und die die Arbeit an der Handschrift im Deutschen Theatermuseum hilfsbereit gefördert und die Publikation der Edition tatkräftig unterstützt hat. Für Hinweise, Ergänzungen und Verbesserungsvorschläge bei der Vorbereitung der Neuauflage möchte ich Frau Dr. Ulrike Zitzlsperger, Herrn Dr. John McKenzie und Herrn Univ.-Prof. Dr. Friedrich Walla wieder meinen wärmsten Dank aussprechen. Dem Deutschen Theatermuseum, München, danke ich nochmals herzlich für die finanzielle Unterstützung der Neuauflage.